Verlassene Eltern – Wenn das eigene Kind zum Trebegänger geworden ist

FRIEDENSAUER SCHRIFTENREIHE

HERAUSGEGEBEN VON
JOHANN GERHARDT
WOLFGANG KABUS
HORST ROLLY
UDO WORSCHECH

REIHE B
GESELLSCHAFTSWISSENSCHAFTEN
BAND 10

PETER LANG
FRANKFURT AM MAIN · BERLIN · BERN · BRUXELLES · NEW YORK · OXFORD · WIEN

Uta Bäse

Verlassene Eltern – Wenn das eigene Kind zum Trebegänger geworden ist

PETER LANG
Europäischer Verlag der Wissenschaften

Bibliografische Information Der Deutschen Bibliothek
Die Deutsche Bibliothek verzeichnet diese Publikation in der
Deutschen Nationalbibliografie; detaillierte bibliografische
Daten sind im Internet über <http://dnb.ddb.de> abrufbar.

Lektorat und Druckvorstufe:
Dipl.-Kulturwiss. Andrea Cramer, Glaucha.

Gedruckt auf alterungsbeständigem,
säurefreiem Papier.

ISSN 0947-2339
ISBN 3-631-55696-9
© Peter Lang GmbH
Europäischer Verlag der Wissenschaften
Frankfurt am Main 2006
Alle Rechte vorbehalten.

Das Werk einschließlich aller seiner Teile ist urheberrechtlich
geschützt. Jede Verwertung außerhalb der engen Grenzen des
Urheberrechtsgesetzes ist ohne Zustimmung des Verlages
unzulässig und strafbar. Das gilt insbesondere für
Vervielfältigungen, Übersetzungen, Mikroverfilmungen und die
Einspeicherung und Verarbeitung in elektronischen Systemen.

Printed in Germany 1 2 3 4 5 7

www.peterlang.de

Für meine Familie

Was bleibt,

sind

Glaube, Hoffnung, Liebe.

Die Liebe aber ist das Größte.

1. Korinther 13,13

Kontaktadresse:
Die Autorin Uta Bäse ist erreichbar über treffpunktfamilie@t-online.de oder über Telefon 03 91/7 39 19 65.

Inhalt

Zum Geleit 9

Vorwort 11

1. Einführung in den Problemkreis 15

2. Forschungsdesign 21
2.1. Vorbemerkungen 21
2.2. Quantitativer und qualitativer Forschungsansatz 23
2.2.1. Zur Methodik der quantitativen Forschung 23
2.2.1.1. Vorbereitung der Studie 23
2.2.1.2. Durchführung der Studie 25
2.2.2. Zur Methodik der qualitativen Forschung 27
2.2.2.1. Anmerkungen zur Methodenkombination 27
2.2.2.2. Experteninterview als Forschungsmethode 28
2.2.2.3. Durchführung der Studie 29
2.3. Zur Auswertung des Datenmaterials 30

3. Betrachtungen zur Situation der Eltern 33
3.1. Zur Beschreibung der Stichprobe 33
3.2. Zu den Ursachen 36
3.3. Zu den Reaktionen und Folgen 41
3.3.1. Vorbemerkungen 41
3.3.2. Psychosomatische Aspekte 43
3.3.3. Psychosoziale Aspekte 52
3.3.4. Ressourcen der Eltern 57

4. Betrachtungen zu den Erfahrungen der Eltern mit den
   verschiedenen Institutionen und Einrichtungen 61
4.1. Zu den Kontakten 61
4.2. Zu den einzelnen Fachbereichen 64
4.2.1. Polizei 65
4.2.1.1. Aus Sicht der Experten 65
4.2.1.2. Aus Sicht der Eltern 67
4.2.2. Jugendamt 68
4.2.2.1. Aus Sicht der Experten 68
4.2.2.2. Aus Sicht der Eltern 69
4.2.3. Kinder- und Jugendpsychiatrie 71
4.2.3.1. Aus Sicht der Experten 71

4.2.3.2.	Aus Sicht der Eltern	74
4.2.4.	Schule	75
4.2.5.	Kirchliche Einrichtungen	78
4.2.6.	Beratungsstellen	80
4.2.6.1.	Aus Sicht der Experten	80
4.2.6.2.	Aus Sicht der Eltern	82
4.2.7.	Rechtsanwältin oder Rechtsanwalt	84
5.	**Zusammenfassende Betrachtungen zur vorliegenden Untersuchung**	**87**
5.1.	Extrakt	87
5.2.	Schlusswort	89

Quellenverzeichnis 93

Anhang. Fragebogen 99

Zum Geleit

Randgruppen bilden zu Recht einen wesentlichen Brennpunkt der aktuellen Sozialforschung. So werden Menschen mit besonderen Problemen und Eigenheiten gerne zum Gegenstand wissenschaftlicher Untersuchungen gemacht, die Ergebnisse jener Forschung medienwirksam aufbereitet und oftmals weit über die Fachwelt hinaus verbreitet. Dies trägt wesentlich zur Inklusion von Minderheiten und Ausgegrenzten und damit zu Veränderungsprozessen im gesamtgesellschaftlichen System bei – und sei es „nur" durch die Sensibilisierung für Probleme. Umso erstaunlicher ist es, dass das Umfeld der untersuchten Gruppen kaum Beachtung findet, obwohl diesem Umfeld sowohl theoretisch als auch in der Alltagswahrnehmung sehr viel Bedeutung beigemessen wird! Als Paradebeispiel mag das Thema der hier vorliegenden Arbeit dienen. Über Trebegänger, Ausreißer, „Straßenkinder" existieren zahlreiche wissenschaftliche Untersuchungen. Zu ihren Eltern gibt es jedoch bestenfalls Mutmaßungen, schlimmstenfalls Vorurteile und Schuldzuschreibungen.

In dieser Arbeit ist es Uta Bäse gelungen, das Thema sensibel und fachlich fundiert aufzugreifen und damit unerforschtes Land zu betreten. Sie tut dies mit Methoden quantitativer und qualitativer Forschung und ist damit in der ihr eigenen Gründlichkeit und Leidenschaft weit über die Erfordernisse einer Magisterschrift – um die handelt es sich nämlich – hinausgegangen. So war es auch für mich spannend, sie auf diesem Weg zu begleiten. Dass die Arbeit aus persönlichem Erleben erwuchs, erwies sich – entgegen anfänglicher Befürchtungen – nicht als Quelle der Einseitigkeit und Verzerrung, sondern als kraftvolle Authentizität und die gewonnenen Erkenntnisse als Horizonterweiterung mit neuen Perspektiven für die beraterische Arbeit.

So ist diese Studie in vielerlei Hinsicht lesenswert. Das Thema, die Methode und natürlich auch die Ergebnisse laden zum Weiterlesen, Weiterdenken und Weiterforschen ein. Als Fachbereich Christliches Sozialwesen verstehen wir Forschung nicht als Selbstzweck, sondern als Beitrag, die Gesellschaft ein wenig menschlicher zu machen. Zu diesem Zweck wünsche ich dieser Arbeit eine aufmerksame Leserschaft und weite Verbreitung.

Friedensau, im März 2006   Andreas Bochmann, Ph.D. (USA)
                                  Dozent für Ehe- und Lebensberatung

Vorwort

Gelegentlich spricht man im Volksmund vom „verlorenen Sohn" und meint damit das Auftauchen eines tatsächlich oder scheinbar verloren Geglaubten nach einer längeren Abwesenheit. Ursprünglich stammt diese Bezeichnung aus einer der bekanntesten Geschichten der Bibel. Es wird dort im Lukas-Evangelium über einen Vater berichtet, der von seinem jüngeren Sohn unverhofftweise mit Forderungen konfrontiert wurde. Kurz darauf machte sich eben dieser Sohn auf, um in der Fremde für längere Zeit unterzutauchen.

Die in dieser Begebenheit beschriebenen Vorgänge haben über Generationen hinweg nicht an Realität und Aktualität verloren. Von daher ist es kein neuartiges Geschehen der Gegenwart, wenn Kinder und Jugendliche ihre Familien verlassen und sich hauptsächlich in den Großstädten sowie Metropolen der Bundesrepublik Deutschland für einen nicht absehbaren Zeitraum, ohne offizielle Erlaubnis, abseits ihres gemeldeten Wohnsitzes als faktisch Obdachlose aufhalten (vgl. Seidel, 2002). Nicht selten haben sich diese Mädchen und Jungen aus jeglichen Sozialisationsinstanzen herausgelöst. Sie wollen ihr Leben selbst in die Hand nehmen, auch wenn sich damit ein Dasein am Rande bzw. in der Illegalität verbindet und sie von den Risiken sowie einem Verbleib in derartig prekären Lebenslagen bedroht sind (vgl. Hansbauer et al., 1997).

Damals wie heute erscheint es dem allgemeinen Betrachter nicht ausgesprochen lebensnah, dass Minderjährige und junge Erwachsene die Beziehungen zu ihren Familien freiwillig aufgeben. Fast ausnahmslos wird von unüberwindlich problematischen Verhältnissen ausgegangen, die einen Ausstieg in jeder Hinsicht erklärbar machen können und damit dann in Folge auch legitimieren. Eine eindeutige Polarisierung zu Gunsten der Mädchen und Jungen, bei denen die Straße zum wesentlichen oder auch einzigen Lebensmittelpunkt geworden ist (vgl. Jogschies et al., 1995), eröffnet deren Müttern und Vätern oftmals wenig Handlungsspielraum, um diesem Problem begegnen zu können.

Wissenschaftlichen Untersuchungen wie dieser geht immer eine Idee voraus. Als Initiatorin dieses Forschungsprojektes möchte ich an dieser Stelle die Fragen nach dem Grund und der Zielrichtung der vorliegenden Pilotstudie beantworten. „Diskurse in der Sozialen Arbeit", so Hansbauer et al., „erwachsen häufig aus einem undurchsichtigen Gemisch von ‚neuen' sozialen Problemen, veränderten Handlungsbedarfen, Profilierungsinteressen, forschungspolitischen Weichenstellungen und medialen Verwertungsinteressen" (1997, S. 395). Hinsichtlich der nachfolgenden Betrachtungen kann zunächst einmal festgehalten werden, dass bislang ein wesentliches Thema, nämlich das Ergehen der Eltern von so genannten Straßenkindern, sozialwissenschaftlich nicht weiter beachtet worden ist.

Menschen, die durch Krisen gegangen sind, werden bestätigen können, dass zumeist erst die eigene Betroffenheit eine Auseinandersetzung mit außergewöhnlichen Lebenseinschnitten erzwingt und zu einer tief greifenden Veränderung der Wahrnehmung führt. Für viele gehören Kinder zur größten Bereicherung und zum wertvollsten Geschenk ihres Daseins. Welche Eltern halten es unter dieser Prämisse schon für möglich, dass ihr eigenes Kind das Zuhause verlässt und somit genau diese Problematik zu einem Teil der eigenen Familiengeschichte wird? Einer der Interviewpartner beschrieb recht treffend:[1]

Das Wort ‚Trebegänger' war mir früher nie bewusst, kannte ich gar nicht. Natürlich hat man etwas über „Straßenkinder" gehört, aber es war so weit weg wie zum Beispiel ein Erdbeben für (…) [diese Stadt, Anm. d. A.] [2] *weit weg ist und einen das dann nicht interessiert, weil es einen nicht betrifft* (Int. 1/2, 25 ff.).[3]

Meine Kinder sind in einer Zeit geboren und aufgewachsen, in der sich die (Fach-)Öffentlichkeit in verschiedenster Weise intensiv mit dem Phänomen der Ausreißer,[4] Wegläufer, Trebegänger bzw. den Straßenkarrieren von Jugendlichen (vgl. z. B. Jordan und Trauernicht, 1981; Jogschies et al., 1995) auseinander gesetzt hat. Mich erreichten die theoretischen Inhalte dieses Themas jenseits der Jahrtausendwende im Rahmen meines Studiums und stießen auf mein Interesse, da ich im Vorfeld für nahezu drei Jahre selbst Mutter eines Trebegängers gewesen bin. Mit diesem Hintergrund allerdings wird natürlich die berechtigte Frage aufkommen, ob die vorliegende Studie in der Gefahr stehen könnte, subjektiv gewichtet zu sein. Ich bin aber der Meinung, dass die Methodenkombination innerhalb des Forschungsprozesses der Objektivität zugute gekommen ist und die Ergebnisse von daher überzeugen.

Sichtweisen sind nicht nur Ausdruck einer persönlichen Auseinandersetzung, sondern sie sind auch von gesellschaftlichen und politischen Tendenzen beeinflusst. Mir ist bewusst, dass die offizielle Beachtung einer Thematik von vielerlei Bedingungsfaktoren abhängig ist. Natürlich wünsche ich mir, dass meine Schlussfolgerungen Ausgangspunkte für eine weiterführende Diskussion bilden. Aber auch wenn von dieser Studie weniger Wirkung als erhofft ausgehen sollte, ist dem Anliegen des Projektes *Verlassene Eltern – Wenn das eigene Kind zum Trebegänger geworden ist* Genüge getan, denn das Ergehen betroffener Familien, deren intensive Bemühungen, Auseinandersetzungen sowie Kämpfe um die Rückkehr des Kindes ist nunmehr thematisiert worden, und sozialpädagogische sowie therapeutische Beratungsansätze lassen sich nachfolgend aus den Ergebnissen ableiten.

Eine wissenschaftliche Untersuchung kann ohne Unterstützung nicht umgesetzt werden. Da Forschung für mich ein neues Terrain darstellte, das ich mit großer

---

[1] Die Interviews, auf die hier Bezug genommen wird, sind für diese Studie dokumentiert worden. Die Autorin (Kontakt: treffpunktfamilie@t-online.de) ermöglicht gern das Quellenstudium.

[2] Inhaltliche Erklärungen bei Zitaten sind mit [Anm. d. A.], das heißt „Anmerkung der Autorin", gekennzeichnet.

[3] Sowohl die Fragebögen (Abk.: Frb.) als auch die Experteninterviews (Abk.: Int.) sind beziffert worden. Im Rahmen der Verwendung von Textpassagen werden Abschnitte und die Nummer der Fragen (z. B. Frb. 10/N; 17) bzw. die Seiten- und Zeilenangabe nach dem jeweiligen Zitat in Klammern vermerkt (z. B. Int. 1/2, 25 ff.).

[4] Die maskuline Form wurde der Einfachheit halber gewählt. Gleichermaßen sind Ausreißerinnen, Wegläuferinnen, Trebegängerinnen usw. gemeint.

Unerfahrenheit und gleichermaßen mit Spannung betreten habe, war ich sowohl mit den Widrigkeiten als auch mit den Freuden einer derartigen Aufgabe konfrontiert. Ich danke allen, die ihren Anteil daran hatten, dass die vorliegende Dokumentation zu Stande gekommen ist.

Ich möchte allen Eltern, die sich für die Beantwortung des Fragebogens Zeit genommen haben, meine Wertschätzung zum Ausdruck bringen. Für einige Mütter und Väter war es u. a. *anstrengend, sich mit diesem negativen Lebenskapitel auseinander zu setzen* (Frb. 10/IV; 17), *aufwühlend* (Frb. 32/IV; 17) und die *Fragen haben Erinnerungen freigelegt, die schon vergessen, verdrängt (!) waren* (Frb. 35/IV; 17). Es wurde die Hoffnung ausgesprochen, mir ein *bisschen Einblick* in eine Situation gegeben zu haben, in der *man* manchmal nur *funktioniert* und die *wohl das Schlimmste* ist, *was einem Elternpaar widerfahren kann*, denn nichts ist *mehr normal* (Frb. 26/IV; 17).

Als hilfreich haben sich Medien wie Presse, Rundfunk und Fernsehen erwiesen, die ebenfalls dazu beigetragen haben, das Thema punktuell zu veröffentlichen. Betroffene Eltern konnten somit auf die Studie aufmerksam gemacht werden.

Vor allem das Berliner Jugendamt Friedrichshain-Kreuzberg sowie der Landesverband der Elternkreise drogengefährdeter und drogenabhängiger Jugendlicher Niedersachsen e. V. haben sich aktiv dafür eingesetzt, Eltern für die Teilnahme an der Fragebogenaktion zu interessieren.

Im Zusammenhang mit der Durchführung der Interviews habe ich sehr interessante Menschen kennen gelernt, die mir im Rahmen unseres Treffens als jeweilige Experten wichtige und fachübergreifende Informationen zukommen lassen haben. Jedes Gespräch war für mich in verschiedener Hinsicht ein persönlicher Zugewinn. Das Forschungsprojekt stand unter der Schirmherrschaft von Prof. Dr. phil. Winfried Noack, Leiter des Instituts für Integrierte Kinder-, Jugend- und Erwachsenenarbeit der Theologischen Hochschule Friedensau in Sachsen-Anhalt. Ich danke insbesondere M. Div., M. A., Ph. D. (USA) Andreas Bochmann und Dipl.-Päd. Detlef Müller für ihre entgegenkommende Begleitung, fachlichen Impulse und korrigierenden Hinweise. Auch die in der Anfangsphase des Projektes eingebrachten Aspekte von Dipl.-Päd. Matthias Freitag waren für mich wichtig und haben mich unterstützt.

Der Theologischen Hochschule Friedensau danke ich für die Möglichkeit, meine Forschungsergebnisse im Rahmen der Friedensauer Schriftenreihe veröffentlichen zu können. Außerdem sei in diesem Zusammenhang besonders den Herausgebern und meiner Lektorin, Frau Dipl.-Kulturwiss. Andrea Cramer, für ihre Unterstützung gedankt.

Glaube, Hoffnung und Liebe machten es dem eingangs erwähnten Vater möglich, täglich auf die Rückkehr seines Sohnes zu warten. Als er dann kam, wurde er mit großer Freude empfangen. Der Sohn hatte zwar „Fehler gemacht, war verwirrt, hat vielleicht Böses getan", aber er kam zurück. Und das „nicht durch Zufall, sondern weil er sich dafür entschieden hat" (Tamaro, 2000, S. 63). Für Eltern ist das ein schöner Moment. Ich weiß aber auch, wie schwer es für wartende Mütter sowie Väter ist, zu glauben, zu hoffen und diesem Tag in Liebe entgegenzuleben, verbunden mit der Angst, dass dieser Augenblick vielleicht niemals kommen könnte.

An dieser Stelle möchte ich einer Mutter, die an der anonymen Fragebogenaktion teilgenommen hat, mein Mitgefühl zum Tod ihres Kindes im vergangenen Jahr aussprechen. Ein Schicksal wie dieses macht mich betroffen, und ich habe den Wunsch, dass die Ergebnisse der Studie den Eltern von Trebekindern sowie deren Unterstützersystemen in vielerlei Hinsicht Gewinn bringen.

Friedensau, im Frühjahr 2006   Uta Bäse

1. Einführung in den Problemkreis

Mit der Publikation der bis in die Gegenwart viel beachteten Autobiographie von *Christiane F. – Wir Kinder vom Bahnhof Zoo* sowie einer anschließenden Verfilmung dieses Buches Anfang der 1980er Jahre haben zwei Journalisten der Zeitschrift *Stern* nicht nur einen Lebensbericht aufgegriffen, sondern erstmalig eine sozialwissenschaftliche Thematisierung der Erscheinungsformen sowie Ursachen bei Familien- und Heimflucht von Kindern und Jugendlichen in Gang gebracht (vgl. Jordan und Trauernicht, 1981). Die Erörterung von individuellen Problemen der Mädchen und Jungen löste damit die vorherrschende Diskussion über ausschließlich repressive Maßnahmen ab. Neben der sozialpädagogischen Absicht „Interessenvertreter junger Menschen zu sein und pädagogische Voraussetzungen zu schaffen, um deren Entwicklung zu unterstützen und zu fördern, bzw. auszugleichen und zu begrenzen, wo diese bereits vernachlässigt, gestört und geschädigt worden ist", wurde schon zu diesem Zeitpunkt auf Schwierigkeiten sowie Grenzen einer derartigen Zielstellung hingewiesen (ebd., S. 9).

Im Rahmen eines Forschungsprojektes zum Thema „Jugendliche Ausreißer/innen und sozialpädagogische Krisenintervention" des Instituts für Soziale Arbeit e.V. (ISA) in Münster diente die Analyse von leitfadenstrukturierten Gesprächen mit adoleszenten Jugendlichen einerseits der Ursachenforschung des Ausreißens, um problembezogene Interventionsansätze formulieren zu können (vgl. Elger et al., 1984). Andererseits sollte die Studie darüber Auskunft geben, ob dieses Phänomen geschlechtsspezifische Unterschiede aufweist „und ob für Mädchen die Wirkungen" sowie „Folgen dieses Weglaufens ... andere sind" bzw. diese subjektiv anders erlebt werden (ebd., S. 91). Die Ergebnisse dieser und weiterer Untersuchungen von z. B. Jordan (1986) sowie Trauernicht (1989) beeinflussten nicht nur die Neufassung des Kinder- und Jugendhilfegesetzes Anfang der 1990er Jahre, sondern trugen insgesamt zu einer Verbesserung der Jugendhilfepraxis bei.

Während in den Anfängen des sozialwissenschaftlichen Diskurses noch von Ausreißern, Wegläufern und Trebegängern gesprochen worden ist, kam im Verlauf, hauptsächlich in den Medien, die Bezeichnung „Straßenkind" auf (vgl. Britten, 1995; Seidel 2002). Nicht nur die Häufigkeit, sondern vor allem die Art und Weise der Darstellung von Einzelschicksalen in Presse, Rundfunk und Fernsehen, zielte auf eine Skandalisierung ab. Zudem wurde in dem Zusammenhang zunehmend öffentlich „vom Versagen der Gesellschaft bzw. der für die Kinder und Jugendlichen üblicherweise zuständigen und verantwortlichen Instanzen wie Familie, Schule und Jugendhilfe" gesprochen (Jogschies et al., 1995, S. 8) oder auch der Mangel an wirksamen Konzepten gegen dieses Phänomen kritisiert (vgl. Heins, 1996). Obwohl die inflationäre Titulierung „Straßenkind" offensichtlich einerseits in keinem „angemessenen Verhältnis zur erforderlichen Reflexion über Bedeutungsaspekte, die Geschichte und die Verwendungszusammenhänge" steht (Liebel, 2000, S. o. A.) und andererseits von einer symbolischen „Funktion dieses Begriffes" (Jogschies et al., 1995, S. 8) gesprochen werden kann, hat sich diese Bezeichnung zunehmend als Beschreibung eines sozialen Phänomens auch in der breiten

Fachöffentlichkeit durchgesetzt. In der sozialwissenschaftlichen Forschung wurde dennoch äußerst sensibel mit dieser Begrifflichkeit umgegangen (vgl. u. a. Permien und Zink, 1998; Hansbauer, 1998) sowie betont, dass es um eine Problemfokussierung und nicht um die Etikettierung von Personen geht. Eine Differenzierung in „ausgegrenzte", „auffällige", „gefährdete" sowie sich hauptsächlich der Gesellschaft gegenüber „verweigernde" Mädchen und Jungen garantiert zwar für keine Trennschärfe inhaltlicher Ebenen, weist aber auf einen der unterschiedlichen Gesichtspunkte hin, die eine einheitliche Begriffsbestimmung für Kinder und Jugendliche „in besonderen Problemlagen" letztlich unmöglich macht (Institut für Soziale Arbeit e. V., 1996, S. 30 ff.).

Einen Beitrag zur Versachlichung der Debatte leisteten Hansbauer et al. (1997) mit einem Aufsatz über die Gemeinsamkeiten sowie Unterschiede dieser veränderten Terminologie und stellten durch den Vergleich zweier Untersuchungen fest, dass sich im Hinblick auf das Herkunftsmilieu dieser Kinder und Jugendlichen nichts verändert hat. Vielmehr scheint es „mit Blick auf die neu entstandenen Bahnhofs- und Cityszenen" gerechtfertigt, „von einem ‚qualitativen Sprung' zwischen ‚TrebegängerInnen' und ‚Straßenkindern' zu sprechen", da „diese Szenen … der sichtbare Ausdruck von kumulativ erfolgten … Distanzierungs- bzw. Ausgrenzungsprozessen" sind (ebd., S. 409).

Während sich Betrachtungen u. a. von Degen (1995) zu diesem Themenbereich auf Sekundärliteratur beziehen, beschäftigten sich deutsche Forschungsstudien insbesondere ab Mitte der 1990er in verschiedenster Weise mit dem Phänomen der aus jeglichen Sozialisationsinstanzen herausgelösten Kinder, Jugendlichen und jungen Erwachsenen. Der Arbeitskreis um Peter Jogschies, Hanna Permien und Gabriela Zink (1995) vom Deutschen Jugendinstitut e. V. München (DJI) führte in seiner ersten Projektphase sowohl in Ost- als auch Westdeutschland in unterschiedlichen Fachbereichen Expertengespräche durch, um Einblicke in diese Erscheinung zu erhalten, Meinungen zu erfragen sowie Verfahrensweisen zu analysieren. Im Zusammenhang mit der abschließenden Dokumentation der theoretischen Hintergründe und erkenntnistheoretischen Basisannahmen ist unter anderem noch einmal ausdrücklich auf das Fehlen einer allgemein gültigen Definition hingewiesen worden. Letztlich hatten die Verschwommenheit und Vielschichtigkeit des Phänomens zur Folge, dass eine Abgrenzung, „welche Jugendlichen als ‚Straßenkinder' zu gelten haben", nicht erfolgen kann (ebd., S. 12 f.). Auf rechtliche Komponenten wird in diesem Zusammenhang nicht eingegangen, vgl. § 11 Bürgerliches Gesetzbuch (BGB); § 1631 Abs. 1 BGB; Art. 6, Abs. 3 Grundgesetz; §§ 1673 ff. BGB; § 42 Kinder- und Jugendhilfegesetz (KJHG). Letztlich unterliegen auch jegliche Zahlenangaben, wie viele Mädchen und Jungen auf der Straße leben, Spekulationen (vgl. Romahn, 2000).

Untersuchungen von Bodenmüller (1995) hatten das Ziel, die Situation sowie Zukunftsperspektiven wohnungsloser Mädchen und junger Frauen aufzuzeigen. Kilb (1996) bezog sich ein Jahr später in seinen Ausführungen auf eine Verlaufsstudie, um Konfliktkontexte zu verstehen. Die Befragungsdaten setzte er in Bezug „zur Armutsforschung in Frankfurt" und zeigte anschließend Bedingungsfaktoren wie

den „Empfang von Sozialhilfe, schlechte Wohnsituation in strukturell benachteiligten Stadtvierteln, Schulabbrüche und Drogenkonsum" für den Beginn einer Straßenexistenz auf (in Permien und Zink, 1998, S. 17f.).
Neben den theoretischen Erklärungsversuchen des Ausreißens (vgl. u. a. Jordan und Zink, 1981; Lamnek, 1997; Degen, 1995) wurde zunehmend von „Push-Faktoren" als Resultat von Ausstoßungsprozessen aus den jeweiligen Sozialisationsmilieus und von „Pull-Faktoren", die sich aus dem Erlebnis-Charakter der Straße sowie deren Anziehungskraft ergeben, gesprochen (vgl. u. a. Hansbauer et al., 1997; Romahn, 2000). Später hat man auch „makrosoziale Ursachen" wie die Rolle des Staates in die Überlegungen einbezogen (Kouassi, 2004, S. 333 ff.). Diese und andere Veröffentlichungen (vgl. Institut für Soziale Arbeit e.V., 1996) fokussieren in ihrer Zielstellung zunehmend deutlich die Formulierung von Interventionsansätzen für sozialpädagogische Hilfen. Allerdings geht dies einher mit der Feststellung sowie Tatsache, dass das Risiko einer Verfestigung von Straßenkarrieren inzwischen auf Grund einer Kombination von Mehrfachkomponenten deutlich höher geworden ist, und die Unterstützersysteme, insbesondere die Jugendhilfe, „inzwischen in einem eigentümlichen Konkurrenz-, aber auch in einem Koexistenzverhältnis zur ‚Straße'" stehen (Hansbauer et al., 1997, S. 404).
Mit einer qualitativen Forschungsarbeit über Kinder und Jugendliche im Kölner Bahnhofsmilieu ist Pfennig (1996) der Fragestellung nachgegangen, wie eine aufsuchende Sozialarbeit gestaltet sein müsste, damit die Hilfsangebote von den Mädchen und Jungen angenommen werden. Im Ergebnis ist u.a. deutlich geworden, dass die Struktur und die Anforderungen des Jugendhilfesystems sich kaum an deren Lebenswelt sowie Bedürfnissen orientieren.
Aus soziologischer Sicht betrachtete erstmalig Buchholz (1998) dieses Thema. In dieser Darlegung geht es darum, „ob und unter welchen Bedingungen obdachlose Jugendliche die ‚Verlierer' des von Ulrich Beck u. a. konstatierten Individualisierungs- und Endtraditionalisierungsprozesses sind", da es ihnen offensichtlich nicht gelingt, „mit der aufbrechenden Ambivalenz von Freiheit und Risiko und den massiven biographischen Brüchen und Verunsicherungen umzugehen" (ebd., S. 5). Eingehend überprüft Buchholz die Beck'schen Theorien und hält diese für generalisierend einfach sowie unzureichend, um die Lebenslage wohnungsloser junger Menschen zu erklären. Allerdings spiegeln ihre Ausführungen konkrete Anhaltspunkte für ein globaleres Verständnis von Zusammenhängen wider und beinhalten Vorschläge zur Veränderung.
Im Rahmen von zwei kommunalen Fallstudien knüpften Permien und Zink (1998) an die Ergebnisse der ersten explorativen Projektphase des DJI an und suchten nunmehr im zweiten Abschnitt der Untersuchungen den direkten Kontakt zu Kindern sowie Jugendlichen „auf der Straße", um Einblicke in deren Lebensrealität und Sichtweisen zur eigenen Biographie zu gewinnen. Die Schilderung von zwei Lebensgeschichten bildete den Rahmen für die Dokumentation der Forschungsergebnisse, um die verschiedenen „Phasen von Straßenkarrieren und ihren spezifischen Ausprägungen und Mustern" darzustellen und Berührungspunkte mit der Jugendhilfe aufzuzeigen (ebd., S. 44). Konkret formulierte Aspekte fordern Konse-

quenzen sozialpädagogischer Art heraus und zielen wiederum auf Veränderungsnotwendigkeiten ab, auf die richtungweisend eingegangen wird.
Das Aktionsprogramm „Lebensort Straße" (vgl. Hansbauer, 1998) verstand sich als Praxisprojekt, das an verschiedenen Standorten Initiativen auf den Weg brachte, Kooperationen aufbaute, Tätigkeiten vernetzte, Instrumente erprobte und die Erfahrungen schließlich in die Praxis zurückspiegelte. Auch hier wurden eindeutige Lösungsansätze fokussiert.
Lutz und Stickelmann (1999) bereiteten die Erfahrungen aus der praktischen Arbeit mit Kindern und Jugendlichen „in besonderen Lebenslagen" aus soziologischer, ethnologischer und sozialpädagogischer Perspektive auf, um ebenfalls die schwierige Frage nach greifenden Interventionskonzepten zu erörtern. Romahn (2000) thematisierte in einer Zusammenschau das Phänomen marginalisierter junger Menschen und lenkte wiederum kritisch den Blick auf eines der zunehmend unübersehbaren gesellschaftspolitischen Probleme der Bundesrepublik Deutschland. Im Zusammenhang mit einer Neuorientierung der Bundespolitik unter der Überschrift „Entwicklung und Chancen junger Menschen in sozialen Brennpunkten" (2000) stand im Rahmen einer gleichlautenden Veröffentlichung des Bundesministeriums für Familie, Senioren, Frauen und Jugend eine fiktive Straßenkarriere hinsichtlich der unterschiedlichen Handlungsansätze aus Sicht der Jugendhilfe, Schule und Polizei zur Diskussion. Dabei hat sich gezeigt, dass es in diesen Fachbereichen keine gemeinsame objektive Problemsicht gibt, was eine Zusammenarbeit zwischen den verschiedenen Institutionen erheblich erschwert und eine systemübergreifende Zusammenarbeit mitunter verhindert. Kritisch wurden Strukturen sowie das Menschenbild hinterfragt und dazu aufgefordert, den Begriff *Vernetzung* im Hinblick auf Form, Inhalt sowie Ziel präziser zu definieren (ebd., S. 12).
Retza und Weber (2001) bemängelten, dass „trotz des hohen quantitativen Anteils von Mädchen auf der Straße in diesem Bereich [d. h. die in Studien gemachten Vorschläge und Empfehlungen zu einer bedarfsgerechten Hilfe und Unterstützung durch die Jugendhilfe insgesamt oder mittels spezifischer niedrigschwelliger Angebote, Anm. d. A.] die geschlechtsspezifische Betrachtung der Lebenswelten bisher ... kaum Niederschlag gefunden hat" (ebd., S. 6), und wenden sich in ihren Ausführungen zielgerichtet den verschiedenen Gesichtspunkten einer Arbeit mit Mädchen auf der Straße zu.
Eine kriminologische Vergleichsstudie von Kouassi (2004) betrachtete vielschichtig die Situation von Kindern auf der Straße in jeweils einem Land der so genannten Ersten und Dritten Welt. Seine vier Arbeitshypothesen basieren auf der Grundannahme, dass diese Mädchen und Jungen „aufgrund täglicher Spannungen zu Hause und als Reaktion auf erfahrene Ablehnung, Gleichgültigkeit, skrupellose Ausbeutung und Gewalt zu ihrem Überleben Auswege in abweichenden Verhaltensweisen, insbesondere Diebstahl, Prostitution, Gewalt und Drogenhandel, suchen" (ebd., S. 38 f.). Allerdings überraschen die Ergebnisse dieser Untersuchung weniger, und sein Plädoyer für „eine präventive und weniger repressive Rolle von Polizei und Justizbehörden, ein gesteigertes Problembewusstsein der Öffentlichkeit sowie die Übernahme von Verantwortung durch Familie und staatliche Gemein-

schaft durch Zuwendung, Erziehung und Bildung" (ebd., Cover) ist innerhalb des laufenden Diskurses kein neuer Gedanke. Allerdings stellt sich Betroffenheit auf Grund der Tatsache ein, dass sich die allgemeine Lage der Kinder weltweit verschlechtert (siehe ebd., 1 ff.).

Ein positives, aber nahezu einziges Zeichen setzte Leitner (1998) mit der Herausgabe eines Buches, in dem *Eltern von Straßenkindern in Deutschland* selbst zu Wort gekommen sind. Die Dokumentationen der Mütter und Väter zeichnen sich durch realistische sowie lebensnahe Reflexionen dieser Situation aus. Unter anderem das Thema „Stigmatisierung" beschrieben Edler und Miosga in ihrem Buch (2001), wobei ihre Ausführungen für betroffene Eltern kaum zu einer Hilfestellung werden, da die Schuld- und Versagensgefühle derjenigen Mütter sowie Väter, die mit dieser Lektüre angesprochen werden sollen, eher verstärkt werden und dem nicht betroffenen Leser ein verzerrtes Bild vermitteln. Sarkastisch mutet die Wiedergabe eines Telefonates zwischen dem Journalisten sowie Gründungsmitglied der Hilfsorganisation Off-Road-Kids e. V. Markus H. Seidel und einer Mutter in dem Abschnitt „Gegendarstellung" (2002, S. 257 ff.) an. Er argumentierte in dem Zusammenhang, dass Kinder, die er getroffen habe, Halt, Geborgenheit und Vertrauenspersonen suchen und „was sie bevorzugen, sind betreute Wohngruppen. Was sie nicht wollen, sind Heime, in denen ständig an ihnen herum erzogen wird. Im Grunde wollen sie auch in Ruhe gelassen werden. Dabei muss auch begriffen werden, dass die Kinder oft sehr gute Gründe haben, weswegen sie die Straße allem anderen, das sich ihnen bietet, vorziehen" (ebd., S. 261). Dem Autor ist allerdings zugute zu halten, dass er sich im Vorfeld dieser Ausführungen eindeutig mit den Worten positionierte, dass „dies ... das Buch der Straßenkinder" ist „und ... es auch nach diesem Kapitel bleiben" wird (ebd., S. 257).

Das Projekt „Entwicklung zeitgemäßer Eltern-Selbsthilfe" wurde vom Bundesverband der Elternkreise drogengefährdeter und drogenabhängiger Jugendlicher (BVEK) e. V. durchgeführt, von Arenz-Greiving (2003) begleitet und dokumentiert. Es handelte sich dabei um die erste bundesweite, sehr aufschlussreiche Befragung von Müttern und Vätern, die an diesen Elternkreistreffen teilnahmen. Die Zielstellung dieser empirischen Untersuchung, die den Zeitraum von 2000 bis 2003 umfasste, war zum einen die Bestandsaufnahme, das heißt demographische Angaben und Aussagen zur Beteiligung, Verbleibdauer, Erfahrungen sowie Veränderungswünschen und zum anderen die Formulierung von Modulen für einen Leitfaden zeitgemäßer Elternkreisarbeit in Deutschland (ebd., S. 12). Dem Engagement der Mütter und Väter ist es zu verdanken, dass die Ergebnisse dieser Studie repräsentativen Charakter tragen und damit einer positiven, gezielten Weiterentwicklung der Arbeit dieser Selbsthilfeorganisation dienen.

2. Forschungsdesign

2.1. Vorbemerkungen

An dieser Stelle soll auf den Titel der Studie *Verlassene Eltern – Wenn das eigene Kind zum Trebegänger geworden ist* eingegangen und erklärende Anmerkungen zu den gewählten Begrifflichkeiten gemacht werden.
Die Bezeichnung „Verlassene Eltern" impliziert zunächst einmal das Gefühl der Verlassenheit. Diese Empfindung tritt einerseits auf, wenn eine emotionale Bindung zu einem anderen Menschen besteht. Edler und Miosga formulieren treffend, dass den Eltern das eigene Kind, aus welchen Gründen auch immer, „entglitten, weggelaufen und verloren gegangen ist" (2001, S. 13). Aus der zumeist unerwarteten Abgängigkeit, die von Müttern und Vätern als eine starke Abgrenzung seitens des Kindes erlebt wird, bildet eine Beziehungsstörung ab, die sich nachfolgend verstärkt.
Ein Verlassenheitsgefühl kann sich aber auch schon im Vorfeld entwickeln, nämlich dann, wenn die Kinder ihren Müttern und Vätern zusätzlich durch den Gebrauch von psychotrophen Substanzen fremd geworden sind. Verlassenheit wird schließlich auch dann empfunden, wenn sich Eltern im Verlauf auf Grund des Drogenkonsums ihres Kindes und den damit in der Regel zahlreich auftretenden Konflikten innerhalb der Familie für eine Grenzsetzung hinsichtlich eines gemeinsamen Zusammenlebens entscheiden, um somit u. a. die Eigenmotivation des Kindes, etwas gegen das Suchtverhalten zu unternehmen, zu fördern.
Dieses Verständnis widerspricht der gängigen Ansicht, dass ein Kind zuvor grundsätzlich und ausschließlich in emotionaler sowie konkret situativer Hinsicht von seinen Eltern verlassen worden ist.
Andererseits sehen sich betroffene Eltern nicht selten allein gelassen mit ihrem Problem. Für Kinder und Jugendliche „auf der Straße" gibt es inzwischen die unterschiedlichsten Betreuungs- sowie Unterstützungsangebote. Mütter und Väter wenden sich Hilfe suchend an Institutionen, doch es hat sich gezeigt, dass einerseits ihren Erwartungen nur begrenzt begegnet werden kann und andererseits eine Auseinandersetzung mit dem Ergehen der Eltern meistenteils nicht umfassend zum allgemeinen Arbeitsalltag der unterschiedlichen staatlichen sowie gemeinnützigen Einrichtungen gehört. Mitunter kommt das Verlassenheitsgefühl auch zum Tragen, weil den Eltern „allzu eilig alleinige Schuld daran gegeben" wird, dass ihre Kinder weggelaufen sind (ebd., S. 13), und sie realisieren, dass ihr Engagement für eine Rückkehr des Kindes nicht die erhoffte Unterstützung findet.
Nach dem deutschem Grundgesetz und auch dem Verständnis der Vereinten Nationen gilt als „Kind", wer noch nicht volljährig ist. Entgegen dieser Definition meint das SGB VIII § 7 (KJHG) damit alle Mädchen und Jungen unter vierzehn Jahren. Danach wird bis zur Vollendung des achtzehnten Lebensjahres von einem „Jugendlichen" gesprochen. Als „junger Volljähriger" gilt, wer 18, aber noch nicht 27 Jahre alt ist. Im Rahmen der durchgeführten Untersuchung sind die in diesen Begriffsbestimmungen angeführten Altersbegrenzungen nicht berücksichtigt wor-

den, da die Bezeichnung „Kind" auch im Sinne eines verwandtschaftlichen Verhältnisses zu verstehen ist. Töchter und Söhne bleiben immer ein Kind ihrer Eltern und das unabhängig vom Alter:

> ... *ob ein Kind sechzehn, siebzehn oder achtzehn oder zweiundzwanzig ist, Eltern sind immer [emotional, Anm. d. A.] betroffen und hängen immer mit drin [wenn ihre Kinder eine Anzeige bekommen, Anm. d. A.]. Es reicht nicht zu sagen, dass sich die Kinder abnabeln und man [die Eltern, Anm. d. A.] sie laufen lassen soll* (Int. 3/31, 42 ff.).

Von daher bleibt unberücksichtigt, dass eine volljährige Tochter bzw. ein volljähriger Sohn das Recht hat, den Lebensmittelpunkt auf die Straße zu verlegen.
Die Studie soll u. a. untersuchen, ob es für die Eltern Auswirkungen hat, wenn das „eigene Kind" die Familie verlässt. Diesem Kontext liegt das Verständnis zu Grunde, dass mindestens zwei Personen „für einen längeren Zeitraum in einer Wohn-, Lebens- und Hausgemeinschaft zusammenleben" und eine Familie bilden, wenn sich diese aus den, die Verantwortung innehabenden Eltern oder einem Elternteil sowie dem eigenen, adoptierten oder durch eine neue Partnerschaft hinzugekommenen Kind bzw. den Kindern zusammensetzt (Hobmair, 1996, S. 6 f.).
Die Entscheidung, die Begrifflichkeit „Trebegänger" in der Überschrift für die Studie zu nutzen, erwies sich im Verlauf der Durchführung zum Teil als ungünstig und verlangte mitunter nach erklärenden Worten. Auf die Schwierigkeiten der Formulierung einer präzisen Definition dieses Phänomens ist bereits hingewiesen worden. Der Terminus „Straßenkind" kam von Vornherein aus bereits angeführten Gründen nicht in Frage (vgl. hierzu Kapitel 1). Andere gebräuchliche Synonyme wie „minderjährige Obdachlose", „Aussteiger", „Ausreißer" sowie „Trebegänger" wurden gegeneinander abgewogen. Da es aus juristischer Sicht, wie bereits erwähnt, rein faktisch keine „minderjährigen Obdachlosen" geben dürfte, erschien eine Verwendung dieser Bezeichnung ebenfalls als nicht geeignet. Bei „Aussteigern" kann davon ausgegangen werden, dass diese Mädchen sowie Jungen den „Anforderungen und herrschenden Normen durch Leistungsverweigerung, ... Rückzug, Desinteresse" sowie „Indifferenz zu entgehen suchen" und sowohl „zumeist mit ihren Herkunftsfamilien brechen" als „auch die Anforderungen und Erwartungen anderer Sozialisationsträger nicht erfüllen" (Jordan und Trauernicht, 1981, S. 19).
„AusreißerInnen" sind nach sozialwissenschaftlichem Verständnis „diejenigen, die mit dem Fortlaufen nicht gezielt und/oder weitgehend aus den bisherigen Sozialisationsinstanzen ausbrechen" sowie „diesen nur für kurze Zeit oder selten fernbleiben" und damit letztlich ein Signal setzen wollen (Degen, 1995, S. 28). Die Gefahr, zur Trebegängerin oder zum Trebegänger zu werden, besteht in dem Moment, wo diesem Verhalten seitens der bestehenden Sozialisationsinstanzen nicht begegnet wird und sich die Abwesenheit der Kinder sowie Jugendlichen daraufhin zunehmend verlängert bzw. in Folge manifestiert.
Die wahrscheinlich aus dem jiddischen oder auch aus dem Rothwelsch (Gaunersprache) stammende Begrifflichkeit „treben bzw. treven" wies Ende des ersten Jahrzehnts des 20. Jahrhunderts auf das Entweichen von Jugendlichen aus Für-

sorgeerziehungsanstalten hin und weitete ihren Bedeutungsinhalt im Lauf der Zeit auf Mädchen sowie Jungen aus, die aus ihren Familie fortgelaufen waren und sich herumtrieben. „Treben wird heute [1973, Anm. d. A.] verbunden mit der Vorstellung von ausflippen, untertauchen, in die Subkultur abwandern, sich der Kontrolle entziehen, sich verweigern" (Berliner Trebebericht 1973 in Jordan und Trauernicht, 1981, S. 156). Merkmale wie massive Konflikte mit den engsten Bezugspersonen sowie ein Beziehungsabbruch zu ihnen, ein Milieuwechsel, der sich häufig mit einer illegalen Lebensweise verbindet und die Ablehnung von Hilfsangeboten definieren nach Jordan und Trauernicht einen „Treber". Inzwischen hat sich allerdings gezeigt, dass nicht nur massive Konflikte ein Verlassen des gewohnten sozialen Umfeldes begünstigen, sondern eine Reihe von unterschiedlichen Faktoren insgesamt additiv wirken (vgl. u. a. Romahn, 2000).

Im Rahmen der Auseinandersetzung mit der Terminologie ist deutlich geworden, dass die Abgrenzung der einzelnen Begrifflichkeiten voneinander, inhaltlich gesehen, schwierig ist und die Übergänge „der Zugehörigkeit zu einer so oder anders umschriebenen Gruppe fließend sind" (Degen, 1995, S. 29). Aus diesem Grund wurde die Bezeichnung „Trebegänger" zum Titel der Studie bzw. des Buches gewählt.

2.2. Quantitativer und qualitativer Forschungsansatz
2.2.1. Zur Methodik der quantitativen Forschung
2.2.1.1. Vorbereitung der Studie

Im Januar 2004 wurde dem Institut für Integrierte Kinder-, Jugend- und Erwachsenenarbeit unter Leitung von Prof. Winfried Noack sowie dem Fachbereich Christliches Sozialwesen der Theologischen Hochschule Friedensau das Forschungsprojekt vorgestellt und um eine positive Bewertung hinsichtlich einer Durchführung gebeten. Hauptkriterien für die Anmeldung des Forschungsbedarfs waren die Wahrnehmung der Situation betroffener Eltern und den sich daraus ergebenden Fragestellungen sowie die Tatsache, dass zu diesem Thema in der Bundesrepublik Deutschland bisher keine empirischen Dokumentationen vorlagen.
Die Entscheidung, für diese Pilotstudie einen Fragebogen zur Datengewinnung zu nutzen, erschien wegen der allgemeinen Beliebtheit dieses Verfahrens nahe liegend. Zunächst wurden die thematischen Inhalte sowie die Struktur des teilstandardisierten Fragebogens mit der Absicht festgelegt, dessen Umfang von vornherein zu begrenzen. Neben demographischen Daten zur Person sowie Familiensituation sollten in zwei weiteren Teilabschnitten einerseits Angaben zu Erfahrungen mit verschiedenen Einrichtungen sowie Institutionen einschließlich einer Bewertung, und andererseits Aussagen zu Reaktionen bei den Eltern sowie Folgen des Problems zur Erhellung des facettenreichen Geschehens beitragen. Andere, sicherlich ebenfalls wichtige Themenbereiche, sind aus besagten Gründen in diesem Zusammenhang nicht berücksichtigt worden.

Anschließend sind Fragen, die vom Sachverhalt her einen Bezug zu den drei Abschnitten aufweisen konnten, gesammelt und diesen jeweils zugeordnet worden. Alle Items, die für die Studie von Interesse waren, sind ausgewählt und nach einer verständlichen sowie eindeutigen Formulierung in eine nachvollziehbare Abfolge gebracht worden. Einführende Informationen, die sich an die teilnehmenden Eltern richteten, und ein übersichtliches Layout komplettieren schließlich den insgesamt vierseitigen Fragebogen.

Nach Fertigstellung der Erstfassung wurde der Fragebogen einigen Dozenten der Hochschule vorgelegt. Im Anschluss ist es zu einer mehrfachen Überarbeitung desselben gekommen, da eine Reihe von Änderungen vorgenommen worden sind. Diese bezogen sich hauptsächlich auf die Reihenfolge und Umformulierung von Fragestellungen. Außerdem kamen wichtige Hinweise im Hinblick darauf, Ressourcen zu ermitteln und am Ende des Fragebogens, Raum für ein Feedback zu geben, da es sich für die Eltern um die Auseinandersetzung mit einem sensiblen Thema handelte.

Ein Pretest kam nicht zur Anwendung, weil u. a. davon ausgegangen worden ist, dass ausschließlich betroffene Mütter sowie Väter sachdienliche Aspekte hätten einbringen können, und diese Personen standen nicht zur Verfügung. Zu konkreten Rückmeldungen, u. a. hinsichtlich der Struktur des Fragebogens, Schlüssigkeit, Stimmigkeit und Wert der einzelnen Fragen, kam es im persönlichen Gespräch mit einigen Elternteilen, nachdem der Fragebogen im Umlauf und keine Änderungen mehr möglich waren. Außerdem wurde seitens einer Beratungsstelle darauf hingewiesen, dass der Fragebogen nicht auf Eltern von Migranten zugeschnitten ist und von daher nicht von den dortigen Mitarbeiterinnen und Mitarbeiter weitergegeben werden konnte.

In seiner Endfassung bestand der Fragebogen, der im Anhang eingesehen werden kann, sowohl aus geschlossenen Fragestellungen, bei denen der Befragte etwas wiedererkennt und seine Antwort aus den vorgegebenen Möglichkeiten auswählt, als auch aus offenen Fragen, wo es um das Erinnerungsvermögen der Person geht. Atteslander schreibt, dass „sich erinnern ... schwieriger als Wiedererkennen" ist (1992, S. 179). Es hat sich jedoch gezeigt, dass der Studie aus den insgesamt zwölf offenen Fragen wichtige, wertvolle Informationen zugekommen sind. Diese werden im Verlauf der Ausführungen zum Teil auch als Zitate einfließen. Allerdings wird vermutet, dass es für manche befragten Personen schwierig war, die gemachten Beobachtungen sowie Erfahrungen zu beschreiben, denn sie haben knapp, nur auf einzelne oder auch gar nicht auf diese Art von Fragen geantwortet.

Die Fragen des ersten Komplexes betreffen zum einen die Auskunft gebende Person und zum anderen das betroffene Kind, wobei die Items als Einstieg zu verstehen und für die Befragten leicht zu beantworten gewesen sind. Wichtig war zu erfahren, ob es ein Ereignis oder eine Situation gegeben hat, die den Sohn oder die Tochter zur Rückkehr bewog bzw. was nötig wäre, damit es dazu kommt.

Im zweiten Abschnitt wird sich den unterschiedlichen Unterstützersystemen wie Polizei, Jugendamt, Kinder- und Jugendpsychiatrie, Schule, kirchliche Einrichtungen, Beratungsstellen sowie die Justiz zugewandt. So genannte Mehrfachauswahl-

Fragen gaben den Eltern Raum, über die Häufigkeit und Bewertung der jeweiligen Kontakte Auskunft zu geben.
Im dritten Komplex des Fragebogens ist der Anteil geschlossener sowie offener Fragen nahezu ausgeglichen. Die Beantwortung der einzelnen Aspekte war für betroffene Eltern ausgesprochen anspruchsvoll, da die Themengebiete eine Auseinandersetzung mit sich selbst forcierten und u. a. Bereiche wie psychosomatische Beeinträchtigungen, das Vorhandensein von Emotionen, Stigmatisierungen, Veränderungen in Beziehungen und im Verhalten aufgriffen.

2.2.1.2. Durchführung der Studie

Die Thematisierung eines in der Öffentlichkeit bislang wenig kommunizierten Problems ließ die Hoffnung entstehen, dass sich aus der Gruppe betroffener Eltern verhältnismäßig viele Mütter sowie Väter für eine Teilnahme an der Studie gewinnen lassen.
Um auf das Forschungsprojekt aufmerksam zu machen, sind mehrere Wege eingeschlagen worden. Zunächst wurde eine Homepage gestaltet, im Frühjahr 2004 ins Netz gestellt (http://www.treffpunktfamilie.net) und im Verlauf zweimal aktualisiert. Insgesamt 381-mal ist die Seite von Nutzern aufgerufen worden. Neben u. a. einer Problembeschreibung, Vorstellung des Anliegens der Studie, Gelegenheit zur Kontaktaufnahme und Diskussion über das Thema bot jeweils ein Link die Möglichkeit, den Fragebogen entweder als Download oder als Internetversion zu nutzen. Dem Institut sind neun ausgefüllte Computerausdrucke zugeschickt worden. Zudem gingen vier Datensätze auf dem Server ein und bildeten somit einen Teil der Stichprobe. „Der wichtigste Vorteil computergestützter Befragungen dürfte ... darin bestehen, dass der gesonderte Schritt der Dateieingabe entfällt und mit der Datenanalyse direkt nach der Erhebung begonnen werden kann" (Seipel und Rieker, 2003, S. 149). Leider kam dieser Vorzug bei dieser Studie nur wenig zum Tragen.
Im Rahmen der Öffentlichkeitsarbeit und dem damit verbundenen Ziel, die Pilotstudie bekannt zu machen, wurde auf die verschiedenen Medien zurückgegriffen. Diverse Tageszeitungen (6), Zeitschriften (3) sowie Straßenmagazine (4) reagierten auf eine Anfrage und publizierten die Pressemitteilung über das Projekt. Des Weiteren gab es auf etlichen Nachrichtenseiten unterschiedlicher Betreiber im Internet eine Mitteilung zum Forschungsvorhaben. Jeweils ein Beitrag im Rundfunk und Fernsehen (MDR) sorgten für eine breitere Streuung der Information.
Einige Eltern konnten auf Grund von persönlichen Kontakten auf die Studie aufmerksam gemacht werden. Den weit größeren Anteil an Bemühungen bildeten gezielte Anfragen an Institutionen mit der Bitte um Unterstützung. Diese richteten sich zunächst an Leiterinnen und Leiter von Jugendämtern, Beratungsstellen, Schutzstellen bzw. Kinder- und Jugendnotdiensten, Soziale Diensten u. a. m. im Raum Sachsen-Anhalt. Es wurde vermutet, dass Eltern sich in einer derartigen Problemlage an diese Einrichtungen wenden und es somit Berührungspunkte zwi-

schen den Mitarbeiterinnen und Mitarbeitern sowie Elternteilen gibt. Zunächst zeigte nur ein Jugendamt in dem genannten Umkreis, wenn auch zögerlich, Interesse, die Studie insofern zu unterstützen, dass betroffene Mütter und Väter auf den Fragebogen hingewiesen und zu einer Beteiligung eingeladen werden sollten. Da sich bis Ende November 2004 der Rücklauf unerwarteterweise ausgesprochen verhalten gestaltete, kam es zu der Überlegung sowie nachfolgenden Umsetzung, an die Geschäftstelle der Jugendamtsleiter der Stadt Berlin heranzutreten. Während einer zentralen Veranstaltung sind die Leiterinnen und Leiter der zwölf Bezirksjugendämter etwas ausführlicher auf das laufende Forschungsprojekt hingewiesen worden. Im Anschluss wurde telefonisch bzw. per E-Mail Kontakt zu den jeweiligen Verantwortlichen aufgenommen. Ein Viertel der dortigen Jugendämter hatte sich dazu bereit erklärt, dass die zuständigen Mitarbeiterinnen und Mitarbeiter gegebenenfalls einen Fragebogen an betroffene Elternteile weitergeben.
Der Gedanke, sich einen Unterstützerkreis in Berlin zu suchen, war mit Bedacht gewählt, denn schließlich gehört diese Metropole mit zu den größten Anlauf- sowie Sammelpunkten der verschiedenen Szenen in der Bundesrepublik Deutschland. Darüber hinaus sind in der Hauptstadt allein 1.205 Kinder und 2.567 Jugendliche aus verschiedenen Gründen als vermisst gemeldet (Havemann, LKA Berlin, Stand Dezember 2004). Einige größere Projekte, wie z. B. der KARUNA e. V., Treberhilfe e. V., Off-Road-Kids e.V. sowie die Kontakt- und Beratungsstelle Berlin „Hilfe für junge Menschen in Not", begegnen im Rahmen ihrer Arbeit dieser Tatsache und bringen sich für diese Mädchen sowie Jungen betreuend ein. Es war von daher nahe liegend, mit Ansprechpartnern dieser Einrichtungen Verbindung aufzunehmen, da dort Kontakte zu Eltern vermutet wurden. Der Anfrage wurde wenig Verständnis entgegengebracht, wobei nicht weiter über mögliche Beweggründe spekuliert werden soll. Allerdings kam es auf einer anderen Ebene zur Annäherung und einer punktuellen Unterstützung durch den KARUNA e.V.
Letztlich brachten die zahlreichen Aktivitäten auch nicht den gewünschten Effekt, sodass im Januar 2005 schließlich cirka 70 Beratungsstellen im Bundesgebiet per E-Mail angeschrieben wurden. Auf die Anfrage, ob es Berührungspunkte zu dieser Klientel gibt, antworteten lediglich 15 Einrichtungen, und das überwiegend abschlägig. Allerdings kam der Kontakt zum Leitungsgremium des niedersächsischen Landesverbandes der Elternkreise drogengefährdeter und drogenabhängiger Jugendlicher e.V. zu Stande. Der Vorstand signalisierte sein Interesse am Forschungsanliegen und vermittelte weitere Ansprechpartner. Im Verlauf wurde mit jedem einzelnen Verantwortlichen der 32 gelisteten Elternkreise ein Telefonat geführt. Im Hinblick auf die Teilnahme an der Studie wurden schließlich Mütter und Väter in Betracht gezogen, bei denen entweder das Trebegängertum ihres Kindes dem Drogenkonsum vorgelagert oder auch nachgelagert war. Es wurde deutlich, dass sich mit einem zunehmenden Verständnis der Gesamtproblematik die Trennschärfe bezüglich der Zielgruppe verändert hatte. Dies wurde als Ausdruck für den Prozesscharakter der Pilotstudie verstanden.
Schließlich sind an 13 Elternkreise in Niedersachsen insgesamt 97 Fragebögen verschickt worden. Anfang März 2005 erhielten die Kontaktpersonen ein Schrei-

ben, in dem sich einerseits bei den Eltern für ihre Teilnahme bedankt und andererseits noch einmal an eine Unterstützung der Studie erinnert worden ist. Die Hauptschwierigkeit bei der Durchführung dieser empirischen Studie lag, wie sich gezeigt hat, darin, Eltern von „Trebegängern" zu erreichen. Die Gründe dafür könnten, ohne näher darauf eingehen zu wollen, u. a. darin liegen, dass Eltern im Verlauf des Geschehens verschieden ansprechbar sind. Zunächst sind die Ereignisse zu neu, um diese einordnen zu können. Später ist es womöglich für Eltern schwierig, die Gegebenheiten wahrhaben zu wollen, und es wird ständig auf eine Veränderung gehofft. Bleibt eine Lösung aus, erfolgt der Rückzug, und Eltern sind unter Umständen nicht mehr bereit, sich mit diesem Problem auseinander zu setzen. Demnach bietet sich vermutlich scheinbar keine Phase unmittelbar an, Mütter sowie Väter direkt zu erreichen und sie um eine Reflexion dieser Situation zu bitten. Auch das Vorhandensein von Schamgefühlen spielt wahrscheinlich eine Rolle. Es kann zudem sein, dass ein Hilfeersuchen an die Unterstützersysteme seitens der Betroffenen nur punktuell erfolgt, da die Erfahrungen im Hinblick darauf eher unterdurchschnittlich sind. Demnach wären die Eltern nur in einem begrenzten Umfang in Einrichtungen sowie Institutionen präsent.
Die Elternteile haben, wie im Verlauf geschildert, den Fragebogen auf unterschiedlichem Wege erhalten. Betroffene Mütter und Väter beteiligten sich an dieser Pilotstudie weder ausschließlich aus Eigenmotivation, nachdem sie von dem Forschungsprojekt gehört hatten, noch auf Grund einer bloßen Vermittlung durch Dritte. Insgesamt gesehen kann von einer Rücklaufquote nicht präzise gesprochen werden. Gemessen an dem Aufwand war die Anzahl der 39 eingegangenen Datensätze enttäuschend. Ein Fragebogen traf nach dem Abschluss der Datenerhebung ein und konnte nicht berücksichtigt werden. Dennoch kann von einer repräsentativen Tendenz der Ergebnisse ausgegangen werden.

2.2.2. Zur Methodik der qualitativen Forschung
2.2.2.1. Anmerkungen zur Methodenkombination

In der qualitativen Sozialforschung geht es um die Entdeckung von Begründungszusammenhängen, um durch eine Erfassung und das Verstehen subjektiver Sichtweisen die soziale Wirklichkeit eines Phänomens deutlich zu machen (vgl. Seipel und Rieker, 2003). Obwohl die Verknüpfung von verschiedenen methodischen Ansätzen nicht unbekannt ist, kann bei dieser Studie nicht von einer geplanten Abfolge eines zunächst quantitativen und sich anschließenden qualitativen Verfahrens die Rede sein. Seipel und Rieker verstehen unter dieser Form der Methodenkombination, dass es in „einer ersten Phase ... mittels standardisierter Erhebungsmethoden und quantifizierender Auswertung" zu Ergebnissen kommt, die „in einer zweiten Phase durch qualitative Methoden vertieft und ergänzt werden" (ebd., S. 237). In diesem Kontext lag der ursprüngliche Grund für die methodologische Triangulation bei der unbefriedigenden Tatsache, dass im Januar 2005 immer noch entschieden zu wenig beantwortete Fragebögen vorlagen. Es wurde deshalb ge-

hofft, dass die inhaltlichen Aspekte der Interviews nunmehr wesentlich zur Erhellung der Situation betroffener Eltern beitragen und zu repräsentativen Forschungsergebnissen führen. Zudem war die Befürchtung aufgekommen, dass die Resultate des zweiten Fragenkomplexes einer stark subjektiven Komponente unterliegen. Es wurde vermutet, dass es auf Grund der Verknüpfung dieser stark emotional belasteten Situation für Eltern und deren damit verbundenen hohen Erwartungen an die verschiedenen Institutionen sowie Einrichtungen zu einer einseitigen Verzerrung der Aussagen kommen könnte.
Im Rahmen der im IV. Quartal 2004 stattgefundenen Forschungskolloquien ist von den Teilnehmerinnen und Teilnehmern im Hinblick auf die Studie kritisiert sowie im Anschluss darüber diskutiert worden, weshalb die phänomenologische Frage nach den Ursachen für die Abgängigkeit des Kindes innerhalb der quantitativen Untersuchung ausgeklammert worden ist. Das gänzliche Fehlen dieses Aspektes basierte auf einer bewussten Entscheidung während der Konzeption des Fragebogens. Es bestand die Vermutung, dass Eltern in dieser Situation ein großes Schuldbewusstsein hätten und eine Thematisierung der Ursachen deren Teilnahme an der Fragebogenaktion verhindern hätte können.
Der berechtigte Hinweis wurde aufgenommen und bei der Planung der Fragestellungen für das Interview berücksichtigt.
Rückblickend kann gesagt werden, dass die Kombination beider Methoden die Arbeit am Forschungsprojekt nicht nur ausgesprochen bereichert hat. Die Chancen, „dass unterschiedliche Aspekte einbezogen und blinde Flecken erkannt werden" (ebd., S. 252) konnten, trugen zur Objektivität der Studie bei. Spannend war schließlich die Frage, ob die Aussagen der jeweiligen Verfahren miteinander übereinstimmen, sich ergänzen bzw. widersprechen oder ganz neue Gesichtspunkte aufwerfen.

2.2.2.2. Experteninterviews als Forschungsmethode

Aus der vorhandenen Vielzahl der Interviewtypen wurde sich für eine Durchführung von mehreren Experteninterviews entschieden. Diese Form von Interview kann im Rahmen der Methodendebatte gegenwärtig kein einheitliches Verständnis zur Begrifflichkeit aufweisen. „Das Spektrum reicht von qualitativ orientierten Verfahren über Konzeptualisieren des Experten als eine Art Informationslieferant (beispielsweise bei Vogel, 1995) bis hin zu dem theoretisch anspruchsvollen, dezidiert qualitativ orientierten Ansatz von Michael Meuser und Ulrike Nagel (1991; 1994; 1997)" (Bogner et al., 2002, S. 20). Es ist demnach erforderlich, kurz auf Sichtweisen einzugehen, die der Studie zu Grunde liegen.
Als Erhebungsinstrument wurde in diesem Kontext ein leitfadengestütztes offenes Interview (vgl. Bohnsack et al., 2003) genutzt, das sich aus acht standardisierten Fragen zusammensetzte. Dabei sind wesentliche Hinweise zur Leitfadenkonstruktion (vgl. Seipel und Rieker, 2003; Helfferich, 2004) unter der Prämisse berücksich-

tigt worden, trotz einer Strukturierung genug Raum für unerwartete Themendimensionierungen zu geben. Gemäß dem Forschungsanliegen wurden folgende Fragen formuliert:

1. Welche Rolle spielt das Thema *Verlassene Eltern – Wenn das eigene Kind zum Trebegänger geworden ist* in Ihrem Berufsalltag, in Ihrer Lebensgeschichte?
2. Wie reagieren Eltern im Allgemeinen, wenn sie von ihren Kindern verlassen werden?
3. Welche Auswirkungen kann es für Eltern haben, wenn ihre Kinder das Zuhause verlassen?
4. Was könnte dazu beigetragen haben, dass Kinder ihr Zuhause verlassen und auf Trebe gehen?
5. Welche Einrichtungen und Institutionen können den Eltern in dieser Situation Hilfestellung anbieten?
6. Mit welchen Erwartungen wenden sich Eltern an Einrichtungen und Institutionen?
7. Was sollte Ihrer Meinung nach verändert werden, um betroffenen Eltern eine noch bessere Unterstützung zukommen zu lassen?
8. Was möchten Sie über das Gesagte hinaus noch hinzufügen?

Ein Experteninterview erhebt nicht die Person zum Gegenstand der Analyse, sondern deren Betriebs- oder Kontextwissen. Im Rahmen dieser Studie war Letzteres das Mittel der Wahl, da „die Lebensbedingungen bestimmter Populationen, auf die das ExpertenInnenhandeln gerichtet ist und über die diese ein spezialisiertes Sonderwissen erworben haben", fokussiert wurden (Bogner et al., 2002, S. 265). „Maßgeblich für Expertenschaft sind ... nicht lediglich die Informationen, über die der Experte exklusiv verfügt, sondern darüber hinaus die (zurechenbare) Zuständigkeit für problemlösungsbezogene Entscheidungen", womit eine nachvollziehbare Kompetenz der Gesprächspartner zu verstehen ist (ebd., S. 116). Unter Berücksichtigung dieser beiden Aspekte ist die Auswahl der elf Interviewpartner getroffen worden. Leitend war dabei auch das bereits im Fragebogen festgelegte Konstrukt u. a. der Fachbereiche Polizei, Jugendamt, Kinder- und Jugendpsychiatrie, Schule, Kirche, Beratungsstellen sowie Justiz, wobei sich der Kontakt von Mitarbeiterinnen und Mitarbeiter der jeweiligen Institution bzw. Einrichtung zu betroffenen Eltern als entscheidendes Auswahlkriterium darstellte. Darüber hinaus erschien es sinnvoll, jeweils ein Interview mit einem aktuell sowie retrospektiv betroffenen Elternteil durchzuführen. Das wurde methodologisch im Hinblick auf diese Studie als legitim angesehen, da „sich der ExpertInnenstatus einer Person in Relation zum jeweiligen Forschungsinteresse" befindet und sich demnach nicht auf eine Berufsrolle verengte Definition bezieht (ebd., S. 259).

2.2.2.3. Durchführung der Studie

Bereits im Verlauf der zahlreichen Gespräche mit den Mitarbeiterinnen und Mitarbeiter der verschiedenen Einrichtungen sowie Institutionen sind wichtige Kontakte entstanden, auf die einerseits bei der Auswahl der jeweiligen Interviewpartner zurückgegriffen worden ist. Andererseits wurden in einzelnen Fachbereichen gezielt Ansprechpartner zu diesem Thema gesucht. Berührungspunkte zu den jeweili-

gen Elternteilen gab es zum einen schon vorher, zum anderen entwickelten sich diese im Zusammenhang mit dieser Studie.
Wie folgt sind insgesamt elf Interviews innerhalb von zwei Wochen durchgeführt worden:

- Experteninterview 1 – Elternteil (retrospektiv)
- Experteninterview 2 – Polizei
- Experteninterview 3 – Selbsthilfe
- Experteninterview 4 – Offener Träger / Kirche
- Experteninterview 5 – Familiengericht
- Experteninterview 6 – Schule
- Experteninterview 7 – Jugendamt
- Experteninterview 8 – Elternteil (aktuell)
- Experteninterview 9 – Kinder- und Jugendpsychiatrie
- Experteninterview 10 – Beratungsstelle
- Experteninterview 11 – Offener Träger / Projekt

Der verhältnismäßig kurze Zeitraum erklärt sich damit, dass der überwiegende Teil der Gesprächspartner aus Sachsen-Anhalt (9) stammte und auf Grund der Entfernungen mitunter auch zwei Befragungen an einem Tag stattfinden konnten. Außerdem hatte sich je ein Mitarbeiter in Thüringen (1) und in Berlin (1) zu einem Interview bereit erklärt. Im Vorfeld wurde den einzelnen Experten eine Projektmappe zugeschickt, die neben Informationen zur Zielsetzung sowie Hintergründen des Projektes auf Fragen zur Forschungsethik, wie die Einwilligungserklärung, die Anonymisierung, die Wahrung des Datengeheimnisses sowie das Trennungs- und Löschungsgebot (vgl. Helfferich, 2004), einging. Obwohl sechs Ansprechpartner keinen Wert auf Anonymität gelegt haben, sind alle Interviews auf Grund der Bestimmung des § 3 Bundesdatenschutzgesetzes (BDSG) anonymisiert worden.

Die Experteninterviews mit den Mitarbeiterinnen und Mitarbeiter haben in den Räumlichkeiten der jeweiligen Einrichtung bzw. Institution stattgefunden. Die Elternteile wurden in ihrem häuslichen Umfeld interviewt. Das kürzeste Interview dauerte 22 Minuten und die beiden längsten jeweils 70 Minuten, wobei die Befragungen insgesamt gesehen eine Zeit von durchschnittlich 48 Minuten in Anspruch nahmen. Alle Gespräche sind auf einem Diktiergerät aufgenommen und anschließend auf einen Datenträger gespeichert worden, wobei das Einverständnis dafür von allen Interviewpartnern vorgelegen hat. Auf Wunsch ist der Gesprächspartnerin bzw. dem Gesprächspartner das jeweils verschriftlichte Interview zur Verfügung gestellt worden.

2.3. Zur Auswertung des Datenmaterials

Die Nutzung von zwei unterschiedlichen Forschungsmethoden hat dazu geführt, dass letztlich ausreichend Datenmaterial für die Dokumentation von empirischen Ergebnissen dieser Studie zur Verfügung stand. Da es sich um eine Pilotstudie handelt, könnten die Resultate einer zukünftigen Hypothesengenerierung dienen.

Für die Auswertung der Fragebögen wurde das Statistical Package for the Social Sciences (SPSS 10.1) eingesetzt. Auf Grund der Konzeption des Fragebogens bot sich hauptsächlich die deskriptive Statistik an, das heißt eine zusammenfassende Beschreibung vorliegender Stichprobendaten. In einem beschränkten Umfang konnten außerdem Analysen der Interferenzstatistik, das heißt nicht parametrische Tests, genutzt werden. Zur Anwendung kamen der Ch2-Test sowie der U-Test nach Mann-Whitney, wobei der übliche Grenzwert von $p <= 0.05$ maßgeblich war. Die Angaben der offenen Fragen sind von Hand auf Schlüsselwörter überprüft sowie gebündelt und Sinnzusammenhänge durch Paraphrasierung auf Begriffe subsumiert worden, um diese statistisch auswerten zu können. Nicht für alle Antworten hat sich eine derartige Vorgehensweise angeboten. Wie bereits erwähnt, fließen diese Auskünfte teilweise auch als jeweiliges Zitat ein.

Im Vorfeld der Auswertung der Experteninterviews sind alle auf dem Datenträger vorhandenen Befragungen nahezu vollständig sowie wortgetreu transkribiert worden, wobei eine Überprüfung dieser Niederschriften auf Übertragungsfehler durch ein so genanntes Korrekturhören nicht stattgefunden hat. Nur bei wenigen, für den Sachverhalt unrelevanten Textpassagen ist auf eine Verschriftlichung verzichtet worden. Bei der Transkription wurden die Auslassungen sowie die Länge von Pausen und parasprachliche Merkmale vermerkt. Diese Angaben sind als Information zu verstehen und hatten keine Auswirkung auf die Analyse der elf Interviews. Da die Interviews bereits auf Grund des Leitfadens vorstrukturiert waren, ist eine inhaltliche Zusammenfassung von Themenkomplexen erleichtert worden. Im Rahmen der Auswertung wurden die Interviews hinsichtlich ihrer Inhalte analysiert und miteinander verglichen (vgl. Flick, 1995).

Im Folgenden bildet die Methodenkombination den Rahmen für die anschließende Dokumentation der Ergebnisse dieser Pilotstudie, wobei sich im Wesentlichen darauf beschränkt wird. Es ist nicht Anliegen dieser Darstellung, Rückschlüsse zu formulieren und diese zu verallgemeinern.

Sowohl die Fragebögen als auch die Experteninterviews sind beziffert worden. Bei der Verwendung von Textpassagen werden Abschnitte und die Nummer der Fragen (z. B. Frb. 28/IV, 17) bzw. die Seiten- und Zeilenangabe nach dem jeweiligen Zitat in Klammern vermerkt (z. B. Int. 1/2, 27 f.). Mitunter kommt es zu Gunsten der Lesbarkeit zu unwesentlichen sprachlichen Veränderungen. Auslassungen werden durch das Symbol (...) markiert. Erforderliche inhaltliche Erklärungen bei Zitaten sind mit [Anm. d. A.], das heißt *Anmerkung der Autorin* gekennzeichnet.

3. Betrachtungen zur Situation der Eltern

3.1. Zur Beschreibung der Stichprobe

Zielgruppe dieser Untersuchung waren Eltern, deren Kinder mehrfach bzw. dauerhaft nicht in der Herkunftsfamilie leben bzw. gelebt haben und faktisch obdachlos sind oder waren. An der Fragebogenaktion beteiligten sich 35 Mütter und Väter auf dem Postweg und vier Einzelpersonen im Internet ($n = 39$). Es haben mehr als doppelt so viele weibliche Teilnehmer ($n = 27$) anonym Auskunft gegeben, wobei 34 Elternteile retrospektiv über die Situation berichteten. Der Altersdurchschnitt lag bei 50,4 Jahren ($n = 34$). Folgende graphische Darstellung gibt einen Einblick in die Altersverteilung (Abb. 1):

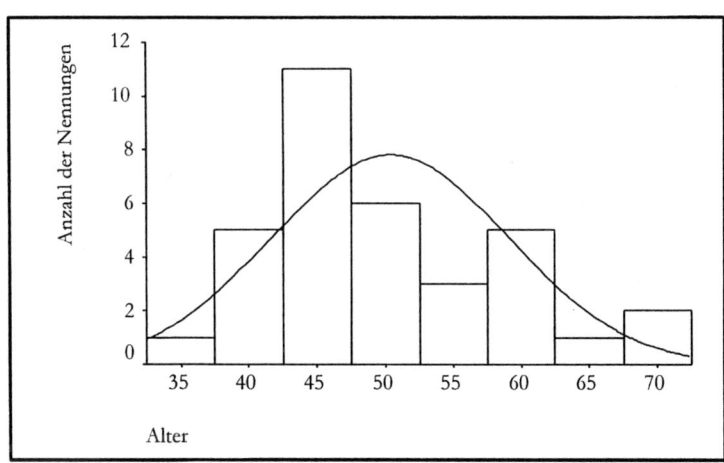

Abbildung 1. Altersstruktur der Fragebogenteilnehmer ($n = 34$)

Einen Bildungsabschluss an der Haupt- oder Realschule gaben 20 Teilnehmer an. Eine Fachschul-, Fachhochschul- oder Universitätsausbildung absolvierten 38,4 % der Mütter und Väter ($n = 15$). Drei Elternteile erwarben das Abitur als höchsten Bildungsabschluss. Die Zusammensetzung ist in Abbildung 2 dargestellt.
Einem Beruf gehen 66,7 % der befragten Eltern nach. Sie sind als Arbeiter ($n = 9$), Angestellte ($n = 11$), Beamte ($n = 3$) oder als Selbständige ($n = 3$) beschäftigt. Von Arbeitslosigkeit waren zum Zeitpunkt der Datenerhebung vier Elternteile betroffen, keine Erwerbstätigkeit übten ebenfalls vier Teilnehmer aus. Das Pensionsalter hatten fünf Mütter bzw. Väter erreicht.
71,8 % der Befragten gaben als Familienstand verheiratet ($n = 28$) und 12,8 % eine eheähnliche Lebensgemeinschaft an ($n = 5$).

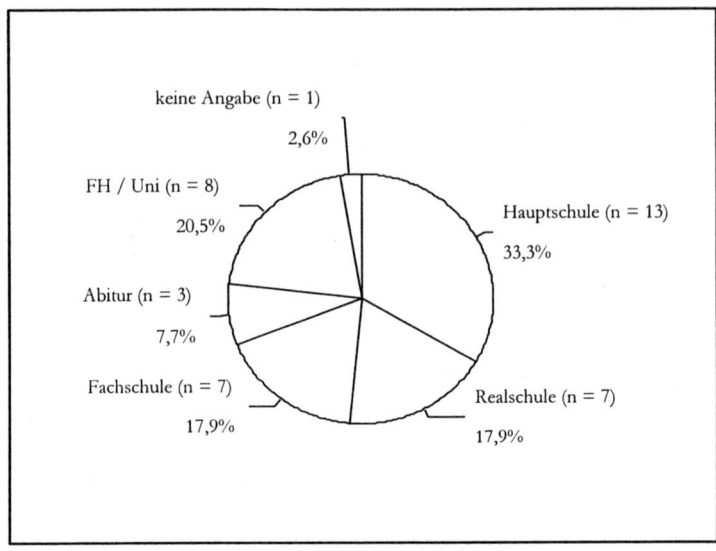

Abbildung 2. Höchste Bildungsabschlüsse der Fragebogenteilnehmer ($n = 39$)

Ein Elternteil war verwitwet (2,6 %) und fünf Mütter bzw. Väter waren geschieden (12,8 %). Es kann in Betracht gezogen werden, dass sich mitunter beide Partner an der Fragebogenaktion beteiligt haben. Diese Annahme würde die nachfolgenden demographischen Angaben zum Teil *erheblich beeinflussen.*
Insgesamt zwölf der betroffenen Kinder (33,3 %) stammten aus früheren Ehen. Unter Einbeziehung der Anzahl der Adoptivkinder kann gesagt werden, dass in dieser Studie 66,6 % der Mädchen ($n = 19$) und Jungen ($n = 20$) aus ihrer leiblichen Herkunftsfamilie abgängig sind oder waren ($n = 36$).
Das Verhältnis zwischen dem Geschlecht des Kindes und der Ursprungsfamilie stellte sich folgendermaßen dar (Tab. 1):

Tabelle 1. Geschlecht des betroffenen Kindes und Ursprungsfamilie

	Das betroffene Kind stammt aus/ist ein			
Geschlecht des betroffenen Kindes	*einer früheren Partnerschaft*	*der gegenwärtigen Partnerschaft*	*Adoptivkind*	*Total*
weiblich Count	6	10	2	18
% of Total	16,7 %	27,8 %	5,6 %	50,0 %
männlich Count	6	11	1	18
% of Total	16,7 %	30,6 %	2,8 %	50,0 %
Total[1] Count	12	21	3	36
% of Total	33,3 %	58,3 %	8,3 %	100,0 %

[1] Alle Berechnungen mittels SPSS-Programms, deshalb automatisch nach Kommastelle gerundet.

Die Annahme, dass es einen Zusammenhang zwischen dem Geschlecht des betroffenen Kindes und der Stellung in der Geburtenreihe gibt, hat sich nicht bestätigt. Unter Ausklammerung der vier Einzelkinder konnte zwar festgestellt werden, dass zweitgeborene Jungen seltener als zweitgeborene Mädchen die Familie verließen (Abb. 3). Das Ergebnis würde weiteren Forschungsbedarf mit der Fragestellung rechtfertigen, ob die Geburtenfolge generell Einfluss auf Abgängigkeit ausübt.

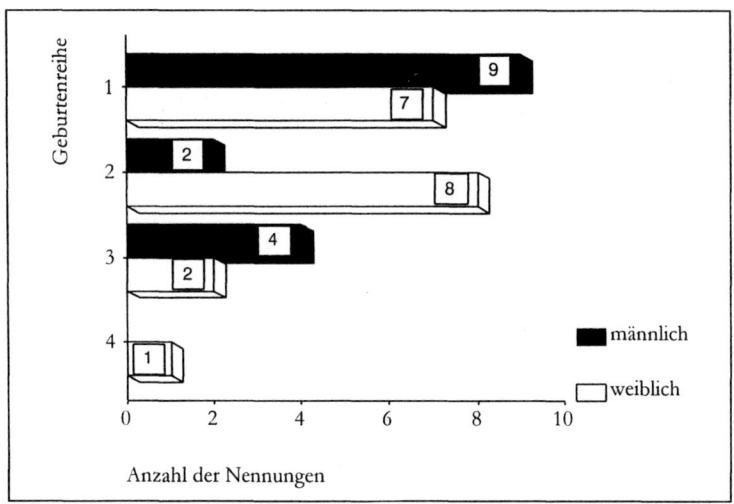

Abbildung 3. Zusammenhang zwischen Geschlecht und Geburtenfolge des betreffenden Kindes (n = 33 bzw. vier Einzelkinder)

Die meisten der Kinder wurden in den 1980er Jahren geboren (n = 20). Der Modalwert liegt beim Jahrgang 1983 (n = 8). Das durchschnittliche Alter der Kinder beim letzten Wegbleiben betrug 16,8 Jahre bei einer geringen Streuung von s = 2,40. Sie besuchten zu diesem Zeitpunkt eine dieser Schulformen (Abb. 4).
Die Frage, ob das Kind mehrmals weggeblieben ist, haben 32 Elternteile bejaht. Zum Zeitpunkt der Datenerhebung waren fünf Mädchen bzw. Jungen noch unterwegs. Alle anderen haben wieder Kontakt zu ihren Eltern. Die offenen Fragen unter Punkt 16 und 17 im ersten Abschnitt geben allerdings darüber Auskunft, dass es sich dabei überwiegend nicht um eine Rückkehr ins Elternhaus handelte. Einige Mütter bzw. Väter berichteten, dass ihr Kind in einer Einrichtung der Jugendhilfe oder im Internat ist. Der größere Teil von ihnen ist inzwischen volljährig und lebt in einer eigenen Wohnung. Gründe für die Heimkehr waren z. B. Verzweiflung, das Wissen, jederzeit zurückkommen zu können, neue Ziele und bewusste Entscheidungen sowie Schwangerschaft, massive Konflikte mit Polizei und Justiz, Veränderungen innerhalb der Familie. Ein Ehepaar muss sich mit der Tatsache auseinandersetzen, dass ihr Kind verstorben ist und es keine Rückkehr geben wird.

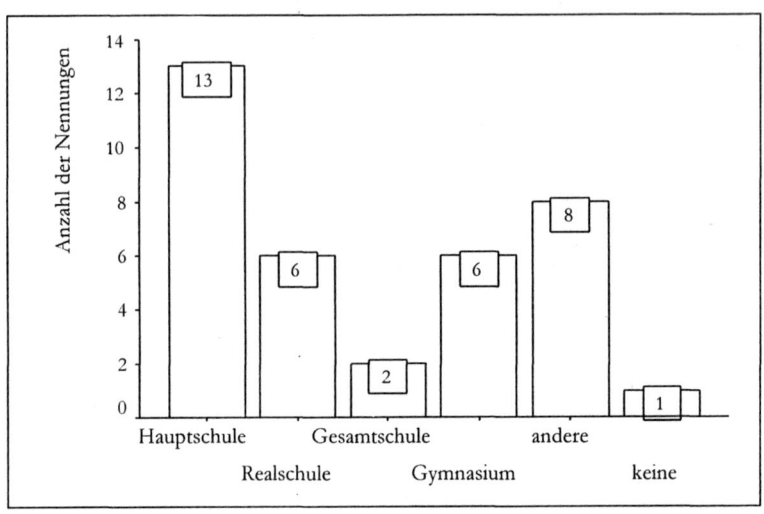

Abbildung 4. Schulform des betroffenen Kindes beim letzten Verschwinden ($n = 36$)

3.2. Zu den Ursachen

Grundsätzlich gesehen sind die Gründe für Straßenkarrieren unzählig sowie individuell verschieden. Im Mittelpunkt der folgenden Betrachtungen werden nicht die in der Literatur beschriebenen Erklärungsversuche und Hintergründe einer Familienflucht vorgestellt (siehe dazu u. a. Jordan und Trauernicht, 1981; Elger et al., 1984; Degen, 1995; Dölle, 1997; Permien und Zink, 1998; Romahn, 2000; Gauermann, 2001; Kouassi, 2004), sondern es kommt in diesem Abschnitt zur Darlegung von Erfahrungen sowie Einsichten der jeweiligen Gesprächspartner. Unter den interviewten Experten befanden sich zwei Elternteile. Dies konnte allerdings nicht die vergebene Chance der phänomenologischen Empirie im Rahmen des Elternfragebogens ersetzen.

Um die Sichtweisen zusammenfassen, zuordnen und/oder auch punktuell zitieren zu können, kam es zu einer Strukturierung der Aussagen in drei Kategorien. Zunächst einmal wird der so verstandene klassische Faktor, d. h. die Belastungen in der Familie, betrachtet. Da es Jugendliche und junge Erwachsene gibt, die dauerhaft sowie freiwillig ihren Lebensmittelpunkt auf die Straße verlegen, sollen des Weiteren auch diese Hintergründe angeführt werden. Abschließend klingen Umstände an, die darüber hinaus eine Rolle spielen können. Das Verlassen des häuslichen Umfeldes lässt sich immer auf eine multifaktorielle Verschmelzung von Ursachen zurückführen.

Kinder, die ihr Zuhause verlassen, kommen überwiegend aus einem schwierigen familiären Umfeld. Das hat aber nicht generell etwas mit der Zuordnung zu einer der sozialen Schichten zu tun. Auffällig ist, dass die Eltern zum einen mitunter selbst eine Vielzahl von Problemen haben, weil sie z. B. über einen längeren Zeitraum von Arbeitslosigkeit und den damit verbundenen schwierigen Begleitumständen betroffen sind. Zum anderen liegt nicht selten eine Ehescheidung vor. In der Regel stellt diese Situation für Eltern eine Lebenskrise dar. Die anschließende Härte, allein erziehend zu sein und/oder eine neue Partnerschaft einzugehen, gestaltet sich für das Kind kaum problemlos. Ein ähnlicher Belastungsfaktor ist der Tod eines Elternteils. Im Großen und Ganzen wiegen bei Kindern derartige sowie andere Beziehungsabbrüche schwer. Damit verbundene emotionale Enttäuschungen bzw. Verlusterfahrungen stellen eine Herausforderung für das Kind dar.

Ein Großteil der Wegläufer, die wir ... hier haben, ... sind eher bindungsgestörte Kinder. Häufig sind es Adoptivkinder oder Kinder, die verlassen wurden im Kleinkindalter, also ganz häufig, wo die Mutti weggegangen ist als sie klein waren, häufig auch bei Alleinerziehenden, wo ein Elternteil verstorben ist, oder wo irgendwo so ein Bruch war ... in der Vorgeschichte ..., oder auch Scheidungskinder (Int. 9/79, 40 ff.).

Das Problem der Überbehütung sowie des Klammerns wird hauptsächlich den Müttern zugeordnet:

Das ist dann so etwas wie eine Art Symbiose. Jeder kämpft in dem Moment gegen jeden, um wegzukommen (Int. 3/26, 19 ff.).

Auch eine aus verschiedenen Gründen bestehende Überforderung innerhalb der Elternrolle sowie inadäquate Erziehungsansätze kamen verschiedentlich zur Sprache. Weitere Ursachen sind unter der Begrifflichkeit „Wohlstandsverwahrlosung" zusammengefasst. Es ist von Eltern die Rede, die überwiegend mit ihrer Arbeit beschäftigt sind, um den Lebensstandard zu erhalten bzw. zu verbessern und dabei keine ausreichende emotionale Beziehung zum Kind pflegen.

Das kann so ein gut behütetes Elternhaus sein, das gut materiell versorgt ist, also immer schön verwöhnt, mit ... neuesten Geschenken, ... Geld und einer gewissen Konsumhaltung, aber mit wenig emotionaler Bindung. Und diese Kinder sagen dann „Ich steig' jetzt aus, ich will meinen Spaß haben, meine Fete weiter feiern, aber halt ohne meine Eltern, ich such' mir da andere Partner und andere Freunde" (Int. 11/93, 11 ff.).

Es wird davon ausgegangen, dass es im Wesentlichen ein auslösendes Ereignis gegeben hat, das anschließend beim Kind den Entschluss reifen ließ, die eigene Familie zu verlassen. Letztlich sind auch traumatische Erlebnisse von entscheidender Bedeutung. Darunter fallen u. a. ein grenzüberschreitendes Verhalten der Eltern wie Misshandlungen und Missbrauch in jeglicher Form. Die Auswirkungen eines Suchtverhaltens und/oder psychische Erkrankungen eines bzw. beider Personensorgeberechtigten können ebenfalls eine Rolle spielen.
Interessanterweise wirken die verschiedenartigen Einflussfaktoren auf Kinder in ein und derselben Familie in der Regel unterschiedlich. Von daher kann hinsichtlich

der Reaktionsmuster bei betroffenen Kindern nicht von Kausalzusammenhängen ausgegangen werden. Seltener, und wenn dann eher stark verkürzt, werden die Faktoren einer freiwilligen Straßenkarriere des Jugendlichen oder junger Erwachsener angesprochen. Worte wie Opposition, Provokation und Rebellion tauchen in dem Zusammenhang nicht auf, werden aber im Rahmen der Interviews in dieser Deutlichkeit ausgesprochen. Die Bedeutungsinhalte dieser Begrifflichkeiten lassen sich, insgesamt gesehen, ohne weiteres der Pubertätsphase zuordnen:

Selbstverwirklichungstendenzen von so 'nen Jugendlichen, die sagen: „Ich hab' nun mal so 'nen Freiheitsdrang. Ich hab' kein' Bock, mich irgendwelchen Regeln zu unterwerfen. Ja, und zu Hause ist es ätzend. Da muss ich immer machen, was die von mir wollen. Ich will meine Freiheit haben, mein eigenes Leben gestalten!" (Int. 11/93, 3 ff.).

Für manche junge Menschen symbolisiert dieses Ausstiegsverhalten ihren Protest gegen den Druck von Elternhaus, Schule und Gesellschaft. Bei dieser Entscheidung stellen das Umfeld, wie vermeintliche Freunde bzw. Cliquen, einen wichtigen Part dar, da sich der Einfluss des Elternhauses in dieser Zeit normalerweise reduziert.

Auf einmal entsteht die Situation „Ja, warum mach' ich das nicht eigentlich auch?" ... Und dann ist da natürlich der Reiz, einmal machen zu können, was man will. Man braucht nicht abends ins Bett zu gehen. Man braucht sich nicht zu waschen. Man braucht nicht aufzuräumen. Man braucht sein Zimmer nicht in Ordnung halten. Alle diese Dinge, die so das normale Leben bestimmen und die gewissen Ordnungen unterlegen sind, einfach aufbrechen und sich einmal frei bewegen (Int. 1/5, 30 f.; 14 ff.).

Damit verbinden sich u. a. Aspekte wie keine Schule besuchen zu müssen, herumzuziehen, Häuser zu besetzen, Alkohol, Nikotin sowie illegale Drogen konsumieren zu können, zu betteln und/oder sich im Stehlen auszuprobieren. Pubertät ist zudem eine Phase, in der insbesondere Jugendliche ihren gesamten Lebenskontext in Frage stellen.

Ich ... erklär' das immer so: Die kommen aus einem behüteten Elternhaus, werden so zwölf, dreizehn und treten in eine neue Lebensstufe ein und luchsen so ein bisschen in die Erwachsenenwelt hinein, durch so einen Türspalt: „Was ist denn da, was habt ihr da, was ist da bei euch?" Das ist wie früher mit dem Christbaum. Sie schauen 'rein, in die Erwachsenenwelt, und gucken dahin mit ihren Wünschen und Träumen und Sehnsüchten und sagen: „Nein, ... so stell' ich mir nicht mein Leben vor!", und schlagen die Tür wieder zu und versuchen irgend einen anderen Weg zu finden (Int. 4/38, 49 ff.).

Einerseits enthält diese Lebensäußerung der jungen Menschen eine Botschaft für die Erwachsenenwelt, hinter der sich mitunter auch Ängste und/oder Hilflosigkeit verbergen. Andererseits kann diese Suche nach Antworten auf wichtige Fragen des

Lebens nur mit Abgrenzung einhergehen, wobei diese in Verbindung mit der Entscheidung für eine Straßenkarriere als besonders stark bewertet werden kann. Die Risikobereitschaft des eigenen Kindes stellt eine Herausforderung dar und verbindet sich seitens der Eltern mit der Schwierigkeit, *lassen und auch loslassen* (Int. 4/39, 12) zu können. In diesem Zusammenhang kam mehrfach folgender Deutungsansatz zum Tragen:

Früher hatten wir ja diese Lehr- und Wanderjahre und das gehörte zum Abnabelungsprozess der jungen Leute. Und jetzt ... nabeln sie sich halt so in ihrem Rahmen ab, was ihnen so geboten wird (Int. 3/28, 22 ff.).

Allerdings:

Wenn sie dann älter werden, dann brechen sie da [aus der linken Szene, Anm. d. A.] eigentlich auch wieder aus, wenn es dann um ihr Lebensideal geht (Int. 2/17, 25ff.).

Zudem zeichnet sich zunehmend der Trend ab, Belastungen und Anforderungen zu vermeiden, indem diesen aus dem Weg gegangen wird. Es kann beobachtet werden, dass die Anstrengungsbereitschaft der Kinder, Jugendlichen und jungen Erwachsenen auf verschiedenen Ebenen nachlässt. Auch der Vergleich zu anderen Familien spielt eine Rolle:

Die Kinder sagen vielleicht: „Die leben auch nicht nach Regeln [Verhaltensnormen anderer Familien, Anm. d. A.]. Der muss auch nicht halb sieben zu Hause sein. Und der muss sich auch nicht an bestimmte Familiensachen halten" (Int. 8/69, 5 ff.).

Familienflucht kann mitunter aber auch als ein Druckmittel benutzt werden, um Veränderungen herbeiführen zu wollen, so z. B. die Trennung der Mutter von einem neuen Lebenspartner.
Als Faktoren sollen auch auf Grund ihres Intellektes leicht beeinflussbare Mädchen und Jungen genannt werden, die wenig eigene Meinungen, Selbstwertgefühl und/oder Selbstbewusstsein haben. Psychische Störungen können ein weiterer maßgeblicher Faktor für Abgängigkeit sein. Grundsätzlich kann gesagt werden, dass die Persönlichkeitsstruktur des Kindes Einfluss auf dessen Entscheidungen und Handlungen ausübt. Schließlich sei auch auf das Spannungsverhältnis zwischen unangemessener Aggressivität und Hilflosigkeit als Begleiterscheinung des Drogenkonsums hingewiesen:

Dann hat die Droge sie im Griff, und nicht sie die Droge. Und das sind alles Dinge, die auf so eine Familie, die oftmals nicht so informiert ist über die Wirkungen, aufeinanderprallen. Und dann gibt es diese Spannungen und dieses: „Dann zieh' ich eben aus" und „Dann mach' ich mich selbständig, ihr werdet schon sehen!", und Mutter: „Dann mach' doch!" und Vater: „Dann geh' doch!" Und dann gibt es oft diese Kreisgespräche bis es dann zu einer Krise kommt (Int. 3/30, 5 ff.).

Derartige und selbstverständlich andere kurzfristige sowie andauernde Konflikte innerhalb der Familie gehören ebenfalls zu den auslösenden Momenten im weiteren Sinne. Diese basieren grundlegend auf bestehenden sowie sich zunehmend verhärtenden Kommunikationsmustern und können von daher einen zielgerichteten Interventionsansatz darstellen. Im Hinblick auf eine Rückkehr des Kindes wird an dieser Stelle darauf hingewiesen, dass frühzeitig mit den Eltern an Verhaltensstrategien gearbeitet werden sollte:

Das [die Rückkehr, Anm. d. A.] ist auch eine sehr sensible Zeit, weil die Erwartungshaltung dermaßen hoch ist bei den Eltern und den Kindern, und die Erwartungen möglicherweise enttäuscht werden. Und ich sag' immer: Manchmal reicht dann ein Augenzwinkern oder Augenzucken aus, damit das Kind wieder geht. So sensibel ist diese Zeit der Rückkehr des Kindes. Und das ist eine sehr hohe Belastung für die Eltern (Int. 7/65, 16 ff.).

Mädchen und Jungen können sich die Freiheit nehmen, das Zuhause zu verlassen. Von staatlicher Seite wird diesen jungen Menschen die Möglichkeit gegeben, Hilfe z. B. in Form von Übernachtung und Verpflegung in Anspruch zu nehmen. Damit verknüpft sich für Eltern unter Umständen das Problem, dass einerseits

... in der Regel ... lediglich die Polizei auskunftspflichtig ist ... Was Sozialarbeiter betrifft und entsprechende Einrichtungen, wird gesagt: „Wir müssen das [den Aufenthaltsort, Anm. d. A.] nicht bekannt geben, schon zum Schutze des Kindes." Und wenn die schon sagen, „Zum Schutze des Kindes", dann sind wir außen vor ... (Int. 2/20, 4 ff.)

und andererseits Eltern unterschwellig den Eindruck vermittelt bekommen:

Typisch, das Elternhaus! Dabei handelt es sich um ein Elternhaus, in Anführungstrichen, wo es affenmäßig zugeht. Dann ist natürlich vollkommen klar, dass die Kinder so reagieren! (Int. 8/71, 16 ff.).

Das lässt die Mutmaßung zu, dass Jugendliche, so es denn gewollt ist, Angaben machen und Weichenstellungen tätigen können, die teilweise von Einrichtungen sowie Institutionen unreflektiert unterstützt und damit akzeptiert werden.
Ein letzter Aspekt soll an dieser Stelle angeführt werden: Es klang an, dass ein Kind zunehmend weniger Zeit hat, um einen Platz in der Gesellschaft zu finden. Damit das persönliche Leben erfolgreich verläuft, ist der Entwicklungsweg so gut wie vorgeschrieben. Auch in einem pluralistischen Gesellschaftssystem kommt es letztlich auf Funktionalität des Einzelnen an, und diese Tatsache stellt ein Problem für die Heranwachsenden dar:

Unser ganzes Menschenbild ist so verhunzt ...; denn man muss in unserer Gesellschaft immer gut drauf sein, immer Spitze, immer vorne dran. Denn man soll ja was werden, was ja an und für sich auch okay ist. Aber irgendwelche Fehler, irgendwelche Hänger, dafür gibt es eigentlich keine gesellschaftliche Akzeptanz mehr ... Wir machen uns Menschen selber immer mehr zur Maschi-

ne, die zu funktionieren hat ..., müssen ständig parat sein, ständig perfekt, ständig leistungsbereit und was da alles so zugehört ... Es geht einfach darum, ob ich als einzelner Mensch im Zusammensein mit den anderen Menschen irgendwo eine Rolle spiele, so wie wir vom christlichen sagen, dass jeder Mensch eine eigene Würde besitzt ... oder ich einen Namen habe. Ich einmalig bin ... Wo kann denn das heute noch konkret werden, dass ein einzelner Mensch wirklich wichtig ist? ... Und diese Botschaft kommt bei den Jugendlichen 'rüber. Eher unbewusst kriegen die das mit, und es ist wie im Alten Testament: „Lasst uns fressen und saufen, denn morgen werden wir sterben!" Also machen sie noch einen drauf, und noch eine Flasche Bier rein oder einen Kasten. „Es ist uns so egal, alles!" ... „Wozu soll ich in der Schule lernen. Wozu soll ich mich hinsetzen und büffeln, um eine Drei statt einer Zwei zu bekommen?", denn das spielt eh' keine Rolle. Mit einer Zwei hast' keine Chance, nur die eine Eins bekommen, haben eine Chance auf eine Lehrstelle. Jetzt habe ich aber ein bisschen übertrieben. Aber: „Warum sollte ich mich anstrengen?" Wir leben auf einer Welle, die hat mit der biblischen Vision „Hoffnung" sehr wenig zu tun (Int. 4/41, 4 ff.; 46, 48 ff.).

3.3. Zu den Reaktionen und Folgen
3.3.1. Vorbemerkungen

Ganz allgemein gesehen reagieren Eltern nach Eintritt der Situation mit der Frage, wie das Problem schnellstmöglich aus der Welt geschafft werden kann. Ohne den Umfang und die Tragweite zu diesem Zeitpunkt bereits absehen zu können, wird intuitiv ein innerer Widerstand gegen die Gegebenheiten empfunden. Nicht nur das eigene Daseinsverständnis wird in Frage gestellt, sondern der Alltag sowie der Lebensrhythmus sind beeinflusst und unterliegen nachfolgend einer Veränderung. Die mit dieser Tatsache verbundene Auseinandersetzung besteht unabhängig davon, ob das Kind von sich aus gegangen bzw. dazu aufgefordert worden ist oder ob Eltern sich von ihrem Drogen konsumierenden Jugendlichen abgegrenzt haben:

Da [bei einer Präventionsveranstaltung, Anm. d. A.] sagte eine junge Frau auch: „Also, ich hab' meine Mutter darum gebeten, mich 'rauszuschmeißen, weil ich wusste, ich mache alles kaputt, mache die ganze Familie kaputt. Ich konnte nicht anders. Ich habe alle beklaut. Ich war aggressiv. Meine Persönlichkeit hatte sich verändert. Ich wollte eigentlich auch ganz unten sein irgendwann (Int. 10/85, 27 ff.).

Allerdings unterscheiden sich die Reaktionen dieser beiden oben genannten Gruppen von Eltern zumindest anfänglich. Für die einen beginnt die Suche nach dem Kind. Institutionen sowie Einrichtungen werden eingeschaltet und um Hilfe gebeten. Auch der Kontakt zum Kind selbst wird gesucht, mit der Absicht, das Kind zur Rückkehr zu bewegen. Zunehmend kann sich bei Müttern und Vätern Verunsicherung sowie Ambivalenz einstellen, weil sie nicht wissen, wie sie sich verhalten sollen:

Einmal versuchen sie wieder Kontakt aufzunehmen, versuchen das Kind zu überreden wieder nach Hause zu kommen, oder bitten und betteln, oder kommen persönlich her [in die Einrichtung, Anm. d. A.] und fragen nach, bis hin zur schroffen Ablehnung. Also, sind sehr verletzt, teilweise auch, und versuchen ... auch Ultimaten zu setzen ..., nach dem Motto: „Also, wenn du dich weiterhin da aufhältst, dann kannst du deine Sachen packen und kannst gleich gehen" oder „Wenn du dich vom Jugendamt in Obhut nehmen lässt, also dort erklärst, dass du nicht mehr nach Hause zurückkehren willst und dich quasi in ein Heim einweisen lassen willst ..., dann möchten wir mit dir nichts mehr zu tun haben" (Int. 11/90, 31 ff.).

Für Eltern, deren Kinder Drogenprobleme haben, verbindet sich mit dieser Grenzsetzung zunächst einmal die Gelegenheit, selbst und als (Rest-) Familie wieder etwas zur Ruhe zu kommen, bevor die Elternteile reagieren bzw. agieren:

Es gibt verschiedene Etappen ... Die erste Etappe, wenn die Kinder dann raus sind, atmen die Eltern erstmal auf, „Endlich kann ich nachts wieder schlafen. Es klingelt keiner mehr. Es gibt kein Theater. Die Wohnung wird nicht kurz und klein geschlagen. Ich werde nicht mehr beklaut, mein Schmuck, ich brauche nichts mehr zu verstecken."... Dann kommen starke Schuldgefühle in der nächsten Etappe. ... Und dann kommen dann Etappen, wo viele Fragen aufkommen ... (Int. 10/85, 48 ff.).

Allerdings ist für alle betroffenen Mütter und Väter eine große Belastung, nicht zu wissen, wo sich das Kind aufhält und/oder keine Nachricht über den Verbleib zu erhalten. *Da geht's denen [den Eltern, Anm. d. A.] wirklich schlecht* (Int. 3/30, 41) und

... dann geben wir den Jugendlichen den Tipp, „Meldet euch wenigstens zu Hause, damit eure Eltern ... einigermaßen beruhigt sind ..." Oder ... umgekehrt sagen wir den Eltern, zumindest den kleinsten gemeinsamen Nenner [da normalerweise keine Auskunft gegeben wird, Anm. d. A.], wir werden dem- oder derjenigen, wenn sie konkret fragen: „Ist mein Sohn oder meine Tochter hier aufgeschlagen?", dann sagen wir „Ja, wir haben Kontakt und wir werden natürlich ihren Sohn, ihre Tochter dazu bewegen, sich mal zu Hause zu melden" (Int. 11/91, 42 ff.).

Manche Eltern sind froh, wenn sich ihr Kind zur Inanspruchnahme einer Jugendhilfemaßnahme entschließt oder endlich inhaftiert ist, weil sie dann über den Aufenthaltsort ihrer Kinder Sicherheit haben. Entscheidend für Mütter sowie Väter sind auf jeden Fall die Dauer der Abwesenheit und die in dieser Zeit mit dem Kind stattfindende Entwicklung bzw. Veränderung. Im Verlauf kann es für Elternteile immer schwerer werden, eine Perspektive zu haben und mitunter *sehen sie das Kind auch als verloren an* (Int. 7/59, 39). Resignation als Folgeerscheinung ist in diesem Prozess nicht auszuschließen, und Eltern sagen dann auch schon einmal: *„Wir können nicht mehr!"* oder *„Wir wollen jetzt einen Schnitt!"* und *„Wenn das Kind nicht mehr will, wollen wir auch nicht!"* (Int. 9/78, 38 ff.).
An dieser Stelle wird auf den Abschlussbericht zum Projekt *Entwicklung zeitgemäßer Eltern-Selbsthilfe* des BVEK e. V. hingewiesen, in dem einige wenige ähnlich gelagerte Fragestellungen anklingen.

3.3.2. Psychosomatische Aspekte

In diesem Abschnitt wird nunmehr unter der Fragestellung, ob die Situation einen Einfluss auf die Gesundheit und das Lebensgefühl der betroffenen Eltern hat, auf die Reaktionen sowie Folgeerscheinungen eingegangen. Es kommt zur Beschreibung von Häufigkeiten sowie deren graphischer Darstellung. Außerdem findet die Analyse von Häufigkeitsunterschieden statt. Dabei werden überwiegend das Geschlecht und eine unabhängige Variable in Beziehung zueinander gesetzt.

Ich nehme (nahm) folgende körperliche/seelische Veränderungen bei mir wahr (Abschnitt IV; Fragen 1 und 2):
Hierbei handelte es sich um zwei offene Fragestellungen. Im Rahmen der Auswertung zeichnete sich bei den Antworten ab, dass sich eine differenzierte Zuordnung gewählter Begrifflichkeiten zu diesen beiden Bereichen teilweise für die Eltern schwierig gestaltete.
Physische Veränderungen gaben 25 Elternteile an und psychische Auffälligkeiten äußerten 34 Befragte. Im Wesentlichen wurden diese Probleme von den Experten in den Interviews ebenfalls thematisiert. Aus den Angaben der Eltern entstanden zwölf Variablen, wobei die zusammenfassende Kategorie „Andere" ($n = 15$) in der folgenden graphischen Darstellung (Abb. 5) nicht erscheint:

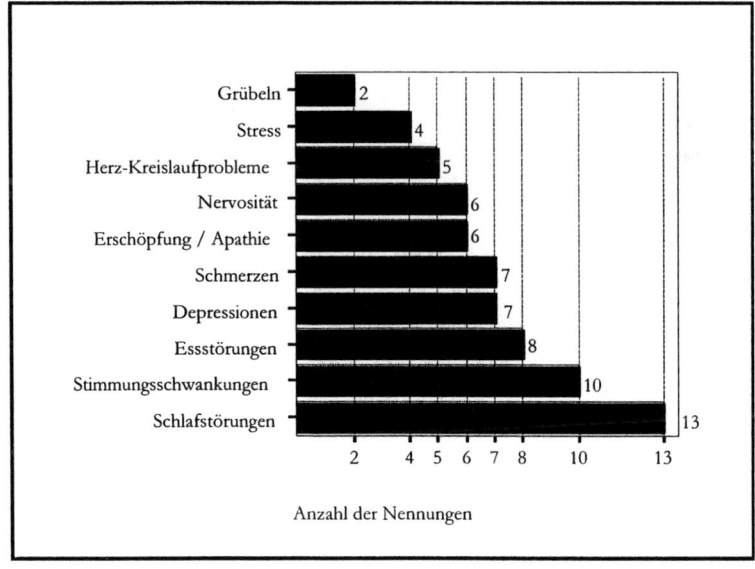

Abbildung 5. Art der von Eltern festgestellten körperlichen und seelischen Veränderungen

Die Häufigkeit meiner Arztbesuche/ die Anzahl meiner Krankheitstage ist gleich geblieben bzw. hat zu- oder abgenommen (Abschnitt IV; Fragen 3 und 4):
Die Abbildungen 6 und 7 verdeutlichen zunächst einmal Angaben der Eltern. Der U-Test nach Mann und Whitney, einem Verfahren, das sich auch bei Analysen von kleinen Stichproben anbietet, verdeutlichte einen signifikanten Unterschied zwischen der Häufigkeit von Arztbesuchen zwischen Frauen und Männern ($p = 0.043$). Demnach begeben sich Mütter in dieser Zeit öfter in ärztliche Behandlung als Väter. Diese Signifikanz trifft allerdings nicht für die Anzahl der Krankheitstage zu, wobei Eltern dennoch partiell stark belastet sind.

Die Eltern leiden unter Angstzuständen, unter Schlaflosigkeit, unter Depressionen, sodass sie Psychopharmaka nehmen müssen und viele auch in Behandlung sind, weil es eben so ein langer Prozess ist. Ich muss dazu sagen, dass Eltern in unserem Fall mehr die Mütter sind. Ein Großvater ist dabei ..., hin und wieder kommt mal ein Vater mit [in die Selbsthilfegruppe, Anm. - d. A.]. Aber es ist meistens die Mütter, weil die Mütter ja doch die emotionaleren Parts sind von den beiden und die dann ... die größeren Probleme haben und sich die Dinge mehr zu Herzen nehmen. Männer haben andere Abwehrmechanismen ..., die spalten das mitunter ganz einfach ab ... Die können das gut verdrängen, stürzen sich in ihr Arbeitsleben (Int. 10/86, 17 ff.).

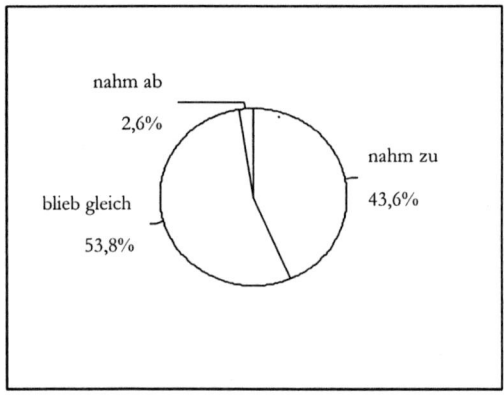

Abbildung 6. Häufigkeit der Arztbesuche ... ($n = 39$)

Die Experten aus den einzelnen Fachbereichen äußerten nahezu übereinstimmend, dass die psychosomatische Situation der Eltern zwar von ihnen wahrgenommen wurde, eine Beratung über die fachspezifischen Gesichtspunkte hinaus aber kaum geleistet werden kann bzw. wird:

... damit sind wir eigentlich überfordert. Dann müssen wir schon mal sagen, „Wir sind keine Sozialarbeiter, keine Seelsorger. Wir sind halt Polizisten und haben uns an bestimmte Eckdaten zu halten. Und das muss man dann auch ... konsequent 'rüberbringen, wo unsere Grenzen sind" (Int. 2/10, 33 ff.).

Mütter und Väter bemerken in dem Zusammenhang recht bald, dass sie sich ihr Netzwerk für eine Unterstützung in dieser Situation selbst aufbauen müssen. Eltern sind auf sich alleine gestellt und sind gezwungen, sich Hilfe zu suchen, wobei das unter dieser Belastung mehr als schwer fällt.

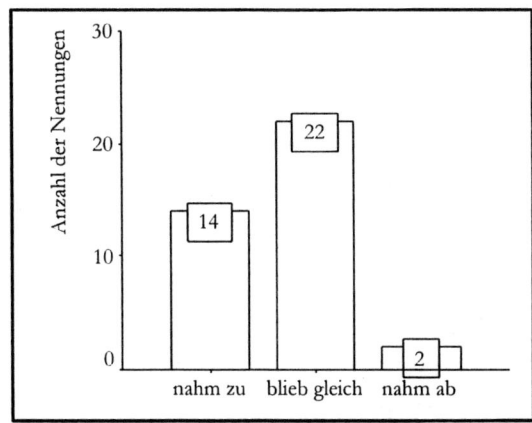

Abbildung 7. Anzahl der Krankheitstage ($n = 38$)

Ich nehme (nahm) bei mir selbst gegenüber dem betroffenen Kind bzw. innerhalb der Situation folgende Gefühle wahr (Abschnitt IV; Fragen 5 und 6):
Das Geschehen lässt bei Müttern und Vätern eine umfangreiche, mehr oder weniger starke Gefühlspalette zum Tragen kommen. Die Bearbeitung der Fragen 5 und 6 hat insgesamt 28 Variablen ergeben. Unter der Rubrik „Andere" wurden Angaben zusammengefasst, die lediglich einmal genannt worden sind.
In fast allen Interviews kam der Aspekt zur Sprache, dass Eltern zunächst einmal damit beschäftigt sind, *bei sich selbst die Schuld zu suchen* (Int. 3/27, 30 f.). Die Frage, *was wir falsch gemacht haben ... ob wir was falsch gemacht haben* und *was anders gemacht hätte werden können* (Int. 8/68, 20 ff.) kann nur schwer oder aber gar nicht unterbunden werden:

Was bei allen Eltern auch fast gleich ist ..., das Thema „Schuld" ... Alle Eltern laufen immer mit einer riesigen Schuldfrage oder einem Schuldkomplex herum. Manchmal gestehen sie sich es ein, aber in der Regel nicht. Und das ist eine wichtige Geschichte, wenn wir mit Eltern zusammenkommen, um über ihre Schuld zu sprechen und da Entlastung anzubieten ... Grundsätzlich könnte man sagen, und das findet man immer wieder, die reagieren völlig hilflos, sind überfordert. Bei den einen äußert sich das in Aggressivität, und bei den anderen passiert genau das Gegenteil. Die gehen in Regression (Int. 4/40, 22 ff.).

Als weitere wesentliche Emotionen wurden Scham, Angst, Unsicherheit und Hilflosigkeit von den Experten genannt. Die folgende graphische Darstellung (Abb. 8) gibt nunmehr Aufschluss über die in dieser Untersuchung von den Müttern sowie

Vätern am häufigsten genannten Gefühle (> 10 Nennungen). Überraschenderweise bringt das Ergebnis zum Ausdruck, dass Eltern weder Schuld noch Scham als vorrangige Emotionen genannt haben.

Ich bekomme oft von Eltern gesagt, „Wenn ich draußen die Feuerwehr höre, kriege ich schon gleich eine Panikattacke, dass wieder was sein könnte mit meinem Kind." Sie [die Eltern, Anm. d. A.] haben Angst, angefangen von der Angst, „Mein Kind versagt!", Angst, „Mein Kind stirbt!", Angst, „Mein Kind könnte kriminell werden!" Also, diese Ängste ..., die sind vorhanden. Da kann man rational herangehen, aber im Hinterkopf sind ... diese Ängste vorhanden (Int. 3/27, 37 ff.).

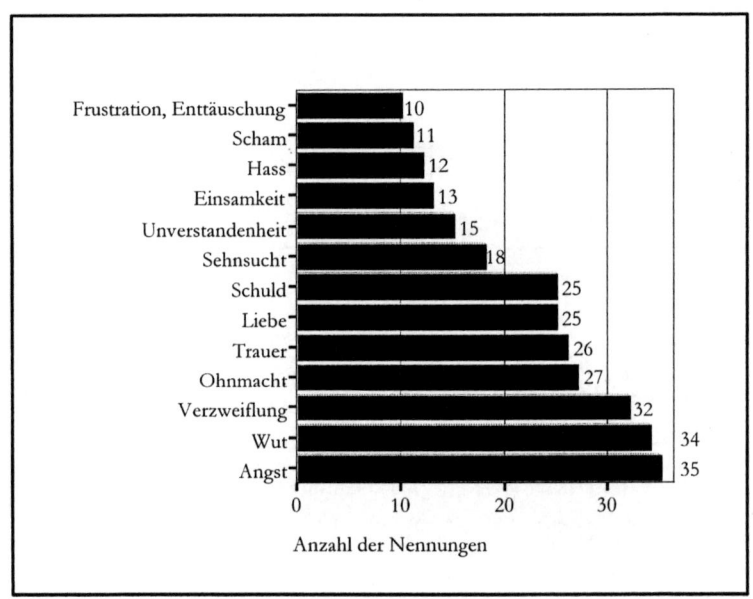

Abbildung 8. Art der von Eltern wahrgenommenen Gefühle

Weiterhin wurden Gefühle wie Hilflosigkeit ($n = 8$), Todessehnsucht, Abhängigkeit ($n = 7$), Ungerechtigkeit/Fragen, Leere/Lähmung ($n = 5$), Ratlosigkeit/Unsicherheit ($n = 4$), Selbstwertverlust/Selbstzweifel, Überforderung, Sorge, Rückzug/Ruhe ($n = 3$), Neid, Ambivalenz ($n = 2$), Schmerz und Hoffnung ($n = 1$) genannt. Offen blieb die Frage, inwiefern sich die Aussage:

Die „verlassenen" Eltern, das klingt so furchtbar tragisch, ist es aber für die Eltern in vielen Fällen nicht. Denn wenn die Kinder dann endlich 'raus sind aus der Wohnung oder so, dann bedeutet das für die Eltern auch erstmal ein Aufatmen [gemeint sind die Eltern, deren Kinder Drogen konsumieren, Anm. d. A.] (Int. 10/84, 8 ff.),

und das quantitative Ergebnis, bei dem nur drei Elternteile in dieser Situation Entlastung empfunden haben, widersprechen. Möglicherweise besteht diese Empfindung nur vorübergehend, das heißt, für einen kurzen Zeitraum. Die aufgezeigte Diskrepanz zwischen diesen beiden Resultaten bietet sich für eine weiterführende Überprüfung innerhalb zukünftiger Forschungshypothesen an.
Der Chi2-Test spiegelte wider, dass sich Frauen und Männer im Erleben von Ohnmacht (p = 0.013/*) sowie Angst (p = 0.043/*) signifikant unterscheiden. Schuldgefühle gaben 20 Mütter sowie fünf Väter an, wobei eine Signifikanz im Grenzbereich von p = 0.052/ns liegt. Mit einem Wert von p = 0.095/ns deutet das Gefühl der Verzweiflung von Frauen einen Unterschied zu Männern an.
Insgesamt gesehen zeichnete sich ab, dass Mütter ihre Emotionen stärker wahrnehmen als Väter. Das Geschlecht und die Gefühlspalette verhalten sich zueinander zwischen 2,5 bis 3,3 : 1, wobei die Relationen beim Schamgefühl sogar 10 : 1 und bei der Todessehnsucht 6 : 1 liegen. Allerdings gaben mehr Männer als Frauen, das heißt 2 : 1, an, enttäuscht zu sein. Grundsätzlich ergibt sich aus diesen Ergebnissen die Frage, ob sich Väter in dieser Situation emotional distanzierter verhalten, oder ob es ihnen schwerer fällt, ihre Gefühle konkret zu artikulieren. Interessant wären in diesem Zusammenhang Informationen darüber, welche Wege Männer wählen, um mit dieser Herausforderung umzugehen.

Tabelle 2. Angaben zu etwaigen Suizidabsichten

			Geschlecht		Total
			männlich	weiblich	
Im Verlauf der Problematik habe ich schon einmal an Selbsttötung gedacht	nie	Count % of Total	7 17,9 %	17 43,6 %	24 61,5 %
	selten	Count % of Total	2 5,1 %	4 10,3 %	6 15,4 %
	gelegentlich	Count % of Total	3 7,7 %	4 10,3 %	7 17,9 %
	oft	Count % of Total		2 5,1 %	2 5,1 %
Total[2]		Count % of Total	12 30,8 %	27 69,2 %	39 100,0 %

---

[2] Alle Berechnungen wurden mittels SPSS-Programms vorgenommen und automatisch nach der Kommastelle gerundet.

Im Verlauf der Problematik habe ich schon einmal an Selbsttötung gedacht (Abschnitt IV; Frage 7):
Der überwiegende Teil der Eltern (61,5 %) gab an, dass sie noch nie ernsthafte Suizidabsichten hatten (Tab. 2). Manche dachten selten (*n* = 6), gelegentlich (7) oder sogar oft (*n* = 2) daran, wobei sich hier die relativ hohe Verhältniszahl der Todessehnsucht nicht bestätigt. Es liegt die Vermutung nahe, dass Gefühle und derartige Erwägungen nicht dasselbe sind.

Mein Gewicht hat sich verändert/ nicht verändert (Abschnitt IV; Frage 11):
Unabhängig von der Fragestellung dieser Variablen, haben acht Elternteile im Zusammenhang mit psychosomatischen Veränderungen ein auffällig problematisches Essverhalten angegeben (Tab. 3).

Tabelle 3. Angaben zu etwaigen Gewichtsveränderungen

			Mein Gewicht			
			nahm ab	blieb gleich	nahm zu	Total
Geschlecht	männlich	Count	4	6	1	11
		% of Total	11,4 %	17,1 %	2,9 %	31,4 %
	weiblich	Count	9	5	10	24
		% of Total	25,7 %	14,3 %	28,6 %	68,6 %
Total[3]		Count	13	11	11	35
		% of Total	37,1 %	31,4 %	31,4 %	100,0 %

Während 14,3 % der Männer (*n* = 11) Gewichtsprobleme angaben, sind mehr als die Hälfte der Frauen (*n* = 24) davon betroffen. Bei fünf Müttern veränderte sich das Gewicht nicht, wobei nahezu gleich viel Frauen abnahmen (*n* = 9) bzw. zunahmen (*n* = 10). Die Geschlechtsunterschiede sind nicht ausgesprochen signifikant ($p = 0.071/ns$).

Im Verlauf der Problematik hat sich mein Konsum von Medikamenten, Drogen, Alkohol, Nikotin, Süßigkeiten bzw. Nahrungsmitteln verändert (Abschnitt IV; Frage 12):
Auf die Frage, ob sich der Gebrauch von Arzneimitteln (Abb. 9) verändert hat, antworteten 46,2 % der Mütter (*n* = 15) und Väter (*n* = 3). Zwischen der Häufigkeit von Arztbesuchen und einer medikamentösen Therapie besteht kein signifikanter Zusammenhang ($p = 0.072/ns$). Zu den Folgen dieser Situation kann gehören, dass Eltern *Psychopharmaka nehmen müssen und viele auch in Behandlung sind, weil es eben so ein langer Prozess ist* (Int. 10/86, 18 f.). Allerdings spielt eine Medikamenteneinnahme bei Männern offenbar keine große Rolle. Auch eine derartige Änderung im Verlauf der

---

[3]Alle Berechnungen wurden mittels SPSS-Programms vorgenommen und automatisch nach der Kommastelle gerundet.

Problematik ist bei den Vätern nicht zu verzeichnen. Frauen hingegen gaben wesentlich häufiger Auskunft über eine Veränderung. Auf alle teilnehmenden Mütter bezogen, nahm jede dritte von ihnen mehr Medikamente ein als vor der Situation. Die Einnahme von Arzneimitteln führte offensichtlich nicht zu einer Gewichtsveränderung. Ein Zusammenhang zwischen psychosomatischen Aspekten und der Einnahme von Medikamenten wurde in dieser Studie nicht näher untersucht.

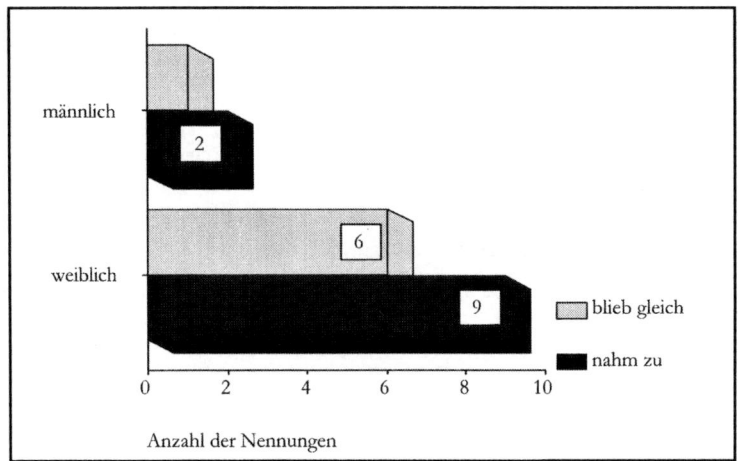

Abbildung 9. Der Konsum von Medikamenten ... ($n = 18$)

Die Frage nach einem Drogenkonsum wurde von den Eltern nicht beantwortet. Zum Alkoholgebrauch (Abb. 10) nahm nur jede bzw. jeder vierte Stellung. Aus den vorliegenden Ergebnissen kann keine definitive Aussage abgeleitet werden. Allerdings gaben immerhin drei Mütter an, mehr Alkohol als vor der Situation zu trinken bzw. getrunken zu haben.

Eine deutliche Steigerung zeigte sich im Rauchverhalten (Abb. 11), wobei auffällig viele Frauen ($n = 10$) häufiger zur Zigarette griffen als vor dem Auftreten des Problems. Möglicherweise kann daraus abgeleitet werden, dass sich das Rauchen zum Abbau von emotionalen Stressempfindungen anbietet. Ein Zusammenhang zwischen Körpergewicht und Nikotinkonsum ist statistisch erkennbar ($p = 0.018/*$).

Der Genuss von Süßigkeiten (Abb. 12) hat bei Frauen ($n = 10$) ebenfalls mehr zugenommen als bei Männern ($n = 2$). Fast jede bzw. jeder dritte gab insgesamt eine Steigerung an, eine Verringerung nur zwei Befragte. Zwischen Körpergewicht und dem Genuss von Süßigkeiten besteht – nicht unerwartet – eine Signifikanz von $p = 0.037/*$.

Auch zur Frage nach einer Veränderung des Essverhaltens (Abb. 13) haben cirka drei von vier Elternteilen Auskunft gegeben ($n = 27$). Nahezu unverändert zeigt sich die Situation bei Männern. Bei drei Frauen verringerte und bei sieben steigerte sich die Nahrungsmittelaufnahme. Somit ist bei mehr als jeder zweiten Mutter eine Änderung eingetreten. Im Hinblick auf den Zusammenhang zwischen Körpergewicht und Ernährung wurde ein höchst signifikanter Wert festgestellt ($p = 0.002/**$).

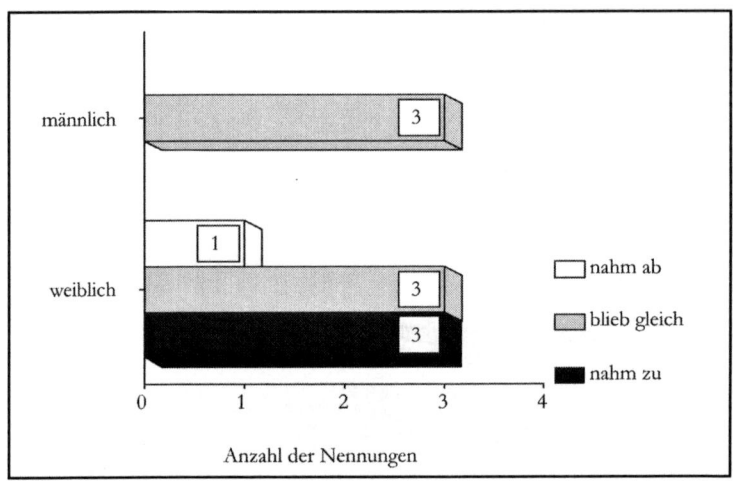

Abbildung 10. Der Konsum von Alkohol ... ($n = 10$)

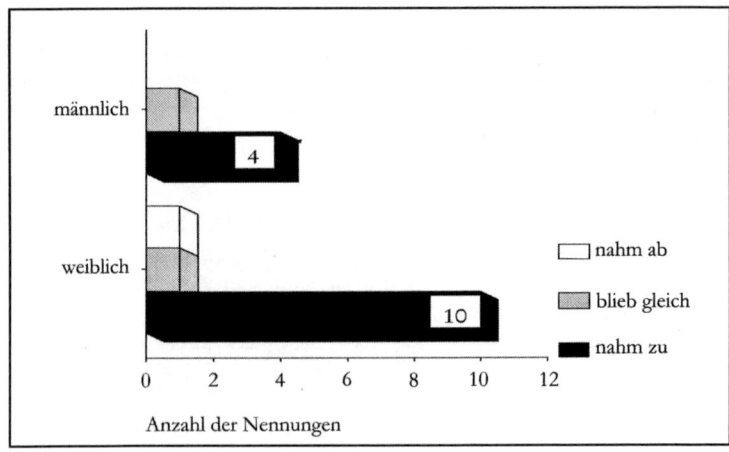

Abbildung 11. Der Konsum von Nikotin ... ($n = 17$)

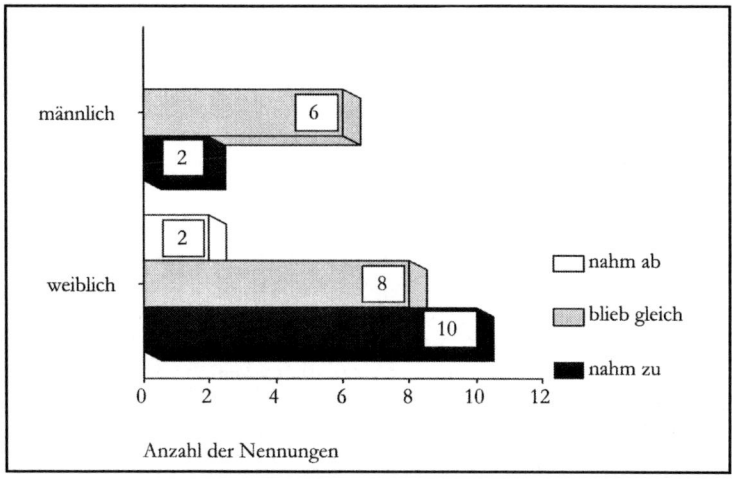

Abbildung 12. Der Konsum von Süßigkeiten ... ($n = 28$)

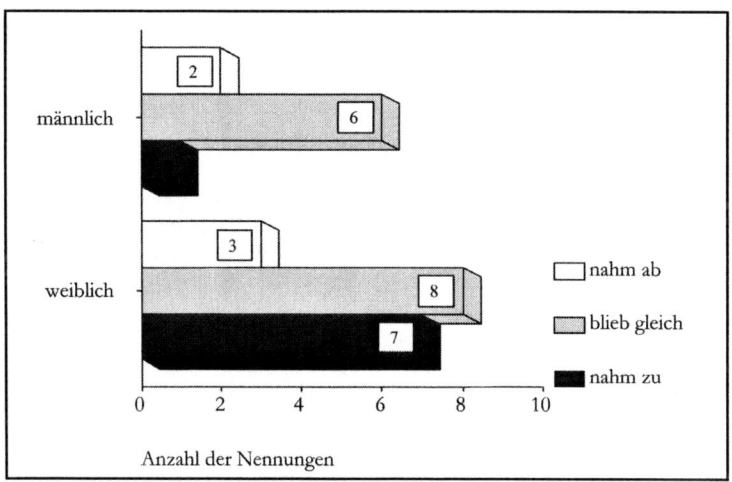

Abbildung 13. Der Konsum von Nahrungsmitteln ... ($n = 27$)

Durchschnittlich kann davon ausgegangen werden, dass etwa bei jeder zweiten Mutter im Verlauf der Problematik eine Veränderung im Konsumverhalten zu beobachten war. Aller Wahrscheinlichkeit nach ist diese Tatsache auch im Zusammenhang mit der emotionalen Grundstimmung zu interpretieren. Bei Vätern war kein wesentlicher Unterschied zu beobachten.

3.3.3. Psychosoziale Aspekte

Mein Verhalten im Freizeitbereich hat/hatte sich wie folgt verändert (Abschnitt IV; Frage 13):
Die Frage beabsichtigte, etwas über den Einfluss dieser Situation auf den Familienalltag sowie individuelle Kompensationsmöglichkeiten, die über ein verändertes Konsumverhalten hinausgehen, zu erfahren.
Auf diese offene Fragestellung antworteten 34 Mütter und Väter. In die anschließenden Betrachtungen fließen die Aussagen aus den Experteninterviews mit den jeweils aktuell sowie retrospektiv betroffenen Elternteilen ein. Interessanterweise äußerten sich zu derartig praktischen Gesichtspunkten nur diese beiden Interviewpartner, da sie auf ganz persönliche Erfahrungswerte zurückgreifen konnten.
Als eine wesentliche Beobachtung wurde die grundlegende Veränderung des Tagesablaufes angeführt. Für manche Eltern gab es praktisch keine freie Zeit mehr, da sie z. B. *zeitweise täglich 7 bis 10 Stunden* mit diesem Problem beschäftigt waren (Frb. 1/IV, 13). *Dieses Thema spielt die Hauptrolle* im Familienalltag (Int. 8/68, 18) und das hat zur Folge, dass *Freizeit ... selten geworden* ist (Frb. 37/IV, 13).

Es beginnt schon damit, dass man morgens denkt, „Kommt mein Kind heute wieder? Wie werde ich dann reagieren?" Und abends geht man ins Bett mit derselben Frage: „Könnte sie vor der Tür stehen oder eine Straße weiter? ... Was geschieht jetzt gerade mit ihr?" (Int. 1/4, 13 ff.).

Eltern sind nicht ohne Weiteres in der Lage zu sagen: *Ich kann jetzt mal wieder Kraft tanken, ... weil man sich ja nur mit diesem Thema beschäftigt* (Int. 8/68, 13 f.) und *die Situation ... das Leben ... dominiert* (Int. 1/4, 38 f.). Einige Mütter sowie Väter trauten sich *kaum aus dem Haus*, weil sie dachten, das Kind würde vielleicht kommen (Frb. 19/IV, 13). Oder sie waren unterwegs und hofften, ihre Tochter bzw. ihren Sohn zu treffen, *egal, in welcher Situation* (Frb. 24/IV, 13). Eine Mutter antwortete: *Meine Freizeit verbrachte ich damit, entweder meinen Sohn zu suchen oder auf ihn zu warten* (Frb. 27/IV, 13). Manche planten *zeitweise keinen Urlaub* mehr, *um verfügbar zu sein* (Frb. 21/IV, 13). Insgesamt gesehen ist das Problem für den überwiegenden Teil der betroffenen Eltern dermaßen einschneidend, dass sie *keinerlei Interesse mehr* haben und die Frage nach dem *Wozu?* bzw. *Warum?* stellen (Frb. 31/IV, 13).
Andererseits wurde auch die Bemerkung abgegeben, dass *Aktivitäten mit und ohne unsere Freunde [jetzt, Anm. d. A.] wieder die Normalität* sind und manchmal dabei übertrieben wird, um sich *zu schützen oder zu vergessen* (Frb. 26/IV, 13). Einige Eltern, hauptsächlich Männer, gaben an, mehr und viel Sport zu treiben. Im Hinblick auf ein zukünftiges Forschungsanliegen bietet sich in dem Zusammenhang die Frage an, ob die sportliche Betätigung für Väter ein Weg ist, um seelische Belastungen zu kompensieren.

Die Beziehung zu meinem Partner bzw. meiner Partnerin hat (hatte) sich folgendermaßen verändert (Abschnitt IV; Frage 9):
Auch an dieser Stelle konnten die Eltern ihre Antworten selbständig formulieren, wovon 36 Mütter bzw. Väter mehr oder weniger Gebrauch gemacht haben. Über-

einstimmung herrschte im Großen und Ganzen darin, dass die Partnerschaft durch eine derartige Situation stark belastet und nachfolgend auch gefährdet sein kann. Die folgende Graphik (Abb. 14) spiegelt Tendenzen wider:

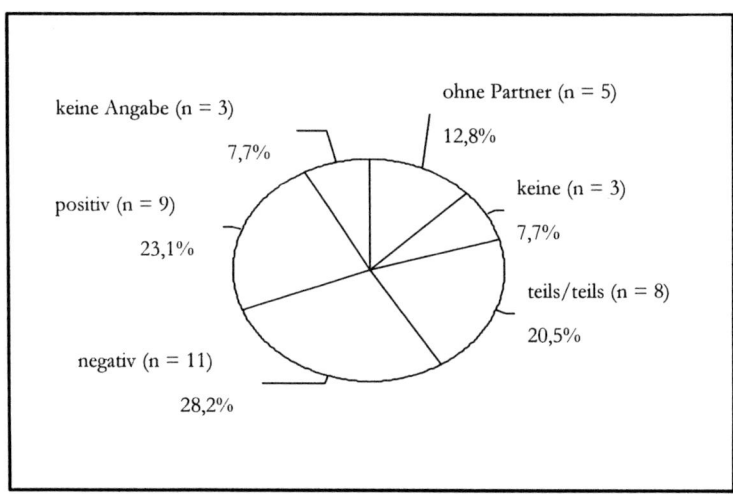

Abbildung 14. Auswirkungen auf die Partnerschaft ($n = 36$)

Einige Eltern empfanden trotz aller Probleme eine Festigung ihrer partnerschaftlichen Beziehung ($n = 9$) und äußerten sich in knappen Worten wie z. B.: *Die Krise hat unsere Partnerschaft gestärkt* (Frb. 7/IV, 9).
Acht Elternteile erlebten diese Zeit als einen Wechsel zwischen *Nähe und Distanz* (Frb. 23/IV, 9) und fühlten sich dadurch beansprucht. Einige von ihnen nahmen professionelle Hilfe in Anspruch ($n = 3$), da ihr Verhältnis zueinander durch diese Belastungssituation problematisch war.
Auf elf Paare wirkte sich diese Herausforderung ausgesprochen negativ aus. Vielfach wurde festgestellt, dass eine Beziehung zwischen den Partnern *eigentlich nicht mehr möglich* ist, *weil sich alles nur um* das Kind dreht (Int. 8/68, 31 f.). Mitunter werden *die Schuldfrage ... hin und her geworfen* sowie *oft auch Anklagen gegenüber dem anderen* geäußert (Int. 4/41, 42 f.). Das führte bei den Eltern zum Teil zu Streitereien, einem *angespannten Verhältnis* (Frb. 13/IV, 9) und anschließend manchmal auch zu einer beidseitigen *Sprachlosigkeit* (Frb. 32/IV, 9).
Nicht selten kommt es zu einer Überlagerung der eigentlichen Problematik. Mütter können emotional so angegriffen sein, dass die Partner gefordert sind *zu trösten oder zu ermutigen*, und das war für sie manchmal schwieriger, *als selber mit der emotionalen Situation zurechtzukommen* (Int. 1/3, 33 ff.). Auf Dauer gesehen stellt es eine Herausforderung für den Mann dar, dass die Partnerin *immer noch so emotional mitgeht* (Int. 2/14, 30 f.). Angedeutet wurde, dass in dieser Zeit *das Intimleben ... in den Hintergrund getreten* ist (Frb. 12/IV, 9).

Mein Verhältnis zu meinen anderen Kindern (wenn vorhanden) hat/hatte sich wie folgt verändert (Abschnitt IV; Frage 10):
Diese offene Frage hatte ebenfalls einen explorativen Charakter und 32 Elternteile gaben Einblicke in die Beziehung zu den Geschwisterkindern.

Eine Familie stellt ein Mobile dar. Jeder in der Familie hat seinen Platz. ... Nun ist ... der Platz ... leer. Ja, was passiert mit dem Mobile? Es verschiebt sich, es kommt alles durcheinander. Es werden Rollen von Familienmitgliedern übernommen, wo sie halt auch überfordert sind, auch gerade von Geschwisterkindern (Int. 3/35, 29 ff.).

Dieses systemische Verständnis drückt aus, was in dieser Situation geschieht. Die Ereignisse gehen *leider auch zu Lasten der Geschwisterkinder* (Int. 3/35, 19 f.). Nicht selten verschlechterte sich die Beziehung der Eltern gegenüber dem oder den zu Hause wohnenden Kindern auf Grund einer deutlichen *Abnahme der ... Zeit* (Frb. 2/IV, 10). Geschwisterkinder wurden teilweise *vernachlässigt, überfordert und mehr gefordert* (Frb. 15/IV, 10). Sie mussten *viel „einstecken"* (Frb. 35/IV, 10), und es kam vor, dass diese Kinder *hinten runter* fielen (Int. 3/35, 26). Im ungünstigsten Fall kann es sein, dass sich das Geschwisterkind selbst zum Problemkind macht, um wahrgenommen zu werden (vgl. Int. 3/35, 33 ff.). Ein Elternteil bemerkte:

Ich habe es zu wenig wertgeschätzt, dass er [der zu Hause wohnende Sohn, Anm. d. A.] keine Probleme macht (Frb. 38/IV, 10).
Die emotionale Verfassung eines Vaters führte dazu, dass das Geschwisterkind *sehr gelitten* hat (Frb. 16/IV, 10). Grundsätzlich galt die Fürsorge der Mütter und Väter nach wie vor ihren verbliebenen Kindern. Aber die Elternteile waren vermutlich, insgesamt gesehen, *überfordert* (Frb. 25/IV, 10).
Für einige Eltern hat sich das Verhältnis zu ihren daheim wohnenden Kindern nicht verändert und mitunter sogar *wegen der gemeinsamen Belastung* verbessert (Frb. 21/IV, 10). In einer Antwort ist deutlich geworden, dass sich die Beziehung insbesondere zu einem Kind verstärken kann:

Mein mittlerer Sohn stand immer zu mir und war sehr verständnisvoll. Darum haben wir eine sehr innige Beziehung (Frb. 4/IV, 10).

Hierbei handelte es sich um die Konstellation, dass die Mutter eine Scheidung hinter sich hatte und der Sohn die Rolle eines Gegenübers einnahm.
Des Öfteren klang bei den Eltern die Angst an, dass Geschwister sich am Verhalten ihrer Schwestern bzw. Brüder *orientieren* (Frb. 4/IV, 10). Es wurde bemerkt,

... dass man als Eltern auf einmal übervorsichtig wird, wenn es um den Umgang mit dem anderen Kind ging, ... dass man sich natürlich in allen Situationen, wo kleinere Konflikte aufkamen, eher zurückzieht und natürlich Gefahr läuft, ... seiner Erziehungsverantwortung nicht mehr gerecht zu werden, um ja keinen Konflikt heraufzubeschwören (Int. 1/3, 41 ff.).

Mütter sowie Väter sind *vorsichtiger geworden* (Frb. 28/IV, 10) und bemühen sich, *erkannte Fehler zu vermeiden* (Frb. 5/IV, 10). Ein Elternteil berichtete:

Mir war es immer wichtig, dass er [der Bruder, Anm. d. A.] keinen Hass gegenüber seiner Schwester entwickelt. … Ich bin dankbar, dass nach ihrer Rückkehr zwischen den beiden ein gutes Verhältnis besteht (Frb. 7/IV, 10).

Es wurde beobachtet, dass

… die auf der einen Seite enger zusammenrücken, also die Eltern und die verbliebenen [gemeint sind die zu Hause wohnenden Kinder, Anm. d. A.], oder das Gegenteil. Und diese Kinder machen ihren Eltern dann Vorwürfe wegen den Geschwistern, die weggegangen sind. Es gibt diese beiden Möglichkeiten und dazwischen eigentlich wenig. … Das ist so ein tiefer Einschnitt, dass eine Entscheidung … ansteht. Und die ist entweder eine Solidarisierung mit den Eltern, oder es geht gegen die Eltern, und es findet eine Solidarisierung mit dem [Kind, Anm. d. A.], das weggegangen ist, statt (Int. 4/42, 39 ff.).

Ältere und jüngere Geschwisterkinder scheinen unterschiedlich zu reagieren. Aus einer aktuell bestehenden Situation heraus wurde berichtet, dass *die Beziehung untereinander … bei den Kindern nicht mehr so ist, wie sie war* (Int. 8/68, 5 f.). Allerdings klang an, dass jüngere Kinder unkomplizierter mit dieser Veränderung umgehen (vgl. z. B. Frb. 20/IV, 10). Ein älteres Geschwisterkind reflektiert die Geschehnisse und nimmt diese bewusster wahr. Von daher kann es mitunter

verletzt sowie *traurig sein über das Verhalten des Kindes, was nicht mehr zu Hause ist oder sein möchte* und *über die Sachen …, die vorgefallen sind, die das Familienleben im Endeffekt auch beeinflussen beziehungsweise ja auch stark gestört haben* (Int. 8/68, 17 ff.).

Abschließend kann gesagt werden, dass sich vor allem aus den beiden zuletzt betrachteten Themenbereichen hinreichend explizite Fragestellungen für eine weitere Forschung ergeben.

Menschen in meinem Umfeld reagieren / reagierten folgendermaßen auf meine Situation (Abschnitt IV; Frage 8):
Mit dieser Frage war das Anliegen verbunden, der Überlegung nachzugehen, ob Eltern in dieser Situation von ihrem Umfeld stigmatisiert werden. Die Mütter und Väter haben wiederum frei formulierte Antworten ($n = 37$) und damit wichtige Einblicke gegeben.
Zunächst einmal wird in der folgenden Betrachtung auf die Aussagen der Experten und Eltern eingegangen. Anschließend kommt es zur graphischen Darstellung der Ergebnisse aus der Fragebogenerhebung. Die Angaben der Eltern wurden dabei auf Inhalte überprüft, zum Teil paraphrasiert, zugeordnet und anschließend zusammenfassend betrachtet. Es ergaben sich jeweils drei positive (Verständnis, Anteilnahme, Unterstützung) und negative (Anklage/Schuldzuweisung, Verständnislosig-

keit, Ablehnung/Kontaktabbruch) Variablen. Durch eine Datenmodifikation ist daraus die Zielvariable *Reaktionen im Umfeld* erstellt worden, die als Grundlage für die Überprüfung einer Normalverteilung diente.
Die Reaktionen des sozialen Umfeldes bewegten sich zwischen der *Freude darüber, dass es uns [der betroffenen Familie, Anm. d. A.], schlecht geht* (Frb. 2/IV, 8) bis hin zum echten *Mitgefühl* (Frb. 14/IV, 8). Grundsätzlich gesehen hat die Situation Auswirkungen auf die erweiterte Familie,

... angefangen von den Verwandten, von den Eltern der Eltern, den Großeltern also, die vielleicht das Kind noch groß gezogen haben und die dann [unter Umständen, Anm. d. A.] eigentlich viel, viel besser wissen, warum das nun schief gegangen ist (Int. 11/92, 17 ff.).

Manchmal fühlten sich Eltern von den Worten: *Ihr müsst doch etwas tun!* unter Druck gesetzt und haben zum Teil *dann auch noch* mit den Vorwürfen anderer zu tun (Int. 7/61, 18 ff.). Mitunter ergeben sich auch Notwendigkeiten, wie z. B.:

Mein Mann war selten da [aus beruflichen Gründen, Anm. d. A.]. Mehr oder weniger „musste" ich die Aktionen mit dem Jugendamt mit den Schwiegereltern absprechen, da ich ja „nicht in der Lage war, Kinder zu erziehen" (Frb. 24/IV, 8).

Das Verständnis der Freunde, Bekannten und Nachbarn für das Problem ist unterschiedlich beschrieben worden. Eltern stellen sich die Frage, ob sie den Mut haben *ehrlich zu sein und zu sagen, dass das eigene Kind nicht mehr da ist,* denn sie laufen immer Gefahr, dass gesagt wird: *„Na ja, da ist wohl 'was faul in eurer Familie!?"* (Int. 1/4, 5 f.). Andererseits gibt es Mütter und Väter, die es vorziehen, *das zu vertuschen* und *zu verschweigen* (Int. 4/41, 48 f.), um nicht eingestehen zu müssen, *dass irgendwas ... schief gelaufen ist* (Int. 9/79, 35). Eltern schämen sich zum Teil vor ihrer Umwelt, sodass sie z. B. eine öffentliche Fahndung mit den Worten ablehnen: *Bloß nicht ..., dann sieht ja jeder, was los ist!* (Int. 2/19, 24). Des Weiteren hat die Situation im Verlauf definitiv auch den Berufsalltag einiger Eltern beeinträchtigt:

Man redet darüber nicht. Man traut sich nicht, darüber zu reden. Man möchte nicht darüber reden. Das heißt, das Berufsleben wird eigentlich ... negativ beeinflusst, auch weil man nicht abschalten kann, sondern man denkt ja darüber nach ... (Int. 8/68, 6 ff.).

Angrenzend an diesen thematischen Aspekt wird an dieser Stelle darauf hingewiesen, dass die konkreten Auswirkungen auf die berufliche Tätigkeit der betroffenen Eltern intensiver zu untersuchen wären.
Positive Erfahrungen machten diejenigen Elternteile, die *offen und ehrlich über die Dinge* gesprochen haben (Int. 1/4, 8). Je mehr sie sich öffneten, desto *größer war die ... Hilfe* (Frb. 16/IV, 8). Allerdings wurde geäußert, dass es für das Umfeld schwierig war, Unterstützung zu geben, da von dieser Seite Überforderung empfunden worden ist (vgl. Frb. 37/IV, 8).

Die zusammenfassende Auswertung aller, von den Müttern sowie Vätern gemachten Angaben bildet sich als Tendenz im folgenden Histogramm ab (Abb. 15):

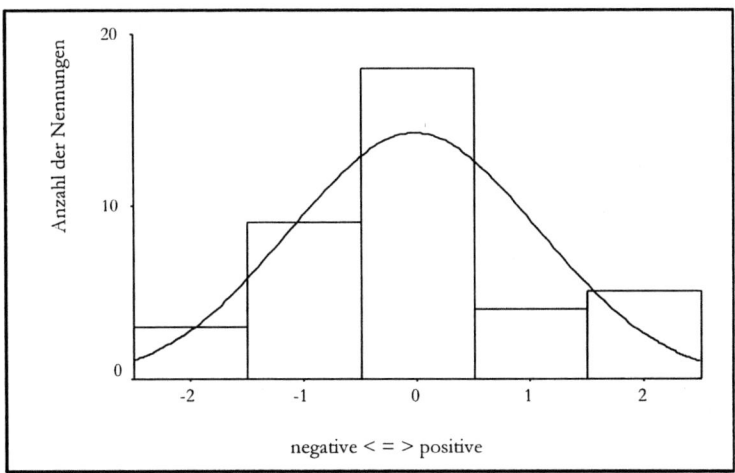

Abbildung 15. Reaktionen im Umfeld ($n = 39$)

Das Ergebnis der Untersuchung spiegelte sich in der Graphik als Normalerteilung wider, wobei die Streuung der Messwerte bei $s = 1{,}09$ liegt. Positive und negative Reaktionen im Umfeld verhalten sich zueinander also nahezu ausgewogen. Somit kann zunächst einmal davon ausgegangen werden, dass Mütter und Väter im Rahmen ihres sozialen Umfeldes nicht ausschließlich stigmatisiert werden.

3.3.4. Ressourcen der Eltern

Ich werde bzw. wurde in meiner Situation in meinem sozialen Umfeld unterstützt (Abschnitt IV; Frage 14 und 15)
Was hat Ihnen (bisher) geholfen, die schwierige Lebenssituation zu bewältigen? (Abschnitt IV; 16):
Die Entdeckung und Aktivierung von Ressourcen hat in nicht normativen Lebenssituationen eine bedeutende Funktion. Von daher war es wichtig zu erfahren, auf welche Möglichkeiten Mütter und Väter zurückgegriffen haben.
Für die Auswertung der Fragen 14 und 15 sind Nennungen wie Familie, Freundinnen und Freunde, Selbsthilfegruppe, überregionale Kontakte und die Kirchgemeinde relevant gewesen. Diese wurden mit dem Geschlecht des einzelnen Elternteils in Beziehung gesetzt. Ein signifikanter Unterschied zwischen Frauen und Männern zeichnete sich bei der Nutzung von diesen Bezugspunkten nicht ab.

Tabelle 4. Unterstützung im sozialen Umfeld

	weiblich	männlich	Total
	n	n	n
Familie	15	9	24
Freundinnen und Freunde	13	7	20
Selbsthilfegruppe	18	6	24
Überregionale Kontakte	6	2	8
Kirchgemeinde	5	3	8

Die Untersuchung machte deutlich (Tab. 4), dass die befragten Mütter und Väter ihre Ressourcen hauptsächlich aus der Familie, aus Freundschaften und Selbsthilfegruppen ziehen. Daraus lässt sich ableiten, dass es für Eltern wichtig ist, mit anderen Menschen über ihre Situation zu sprechen:

Was uns ... sehr geholfen hat, war „Reden". Permanent reden! Unser Telefon ging eigentlich nur, muss ich mal so sagen. Reden: „Es ist die und die Situation gewesen, so und so war's. Ich glaub', ich hab' schon wieder mal was falsch gemacht!" Dieses Reden. Und von der anderen Seite dann zu hören: „Vollkommen okay. Du hättest auch das und das machen können, und das hätte auch falsch sein können." (Int. 8/74, 44 ff.).

Mitunter waren es auch die kleinen Gesten, die den Eltern punktuell halfen. Die spontane Einladung *Wir gehen jetzt mal zwei Stunden spazieren* und die ständige Ermutigung von außen *nicht aufzugeben* wurden dankbar angenommen (Int. 8/74, 40 f.). Diese Unterstützung ist notwendig, denn es gibt mehr als einmal Momente, wo Eltern an ihre Grenzen kommen und sagen: *Ich will nicht mehr! Ich kann nicht mehr! Ich höre jetzt an der Stelle auf* (Int. 8/74, 7 f.).

Als eine weitere Kraftquelle ist die Kirchgemeinde ($n = 8$) genannt worden. In dem Zusammenhang gaben sieben Mütter und fünf Väter zusätzlich an, dass ihnen ihr christlicher Glaube geholfen hat, die Belastung zu kompensieren. Eine Mutter berichtete zudem:

Seit meinem 16. Lebensjahr führe ich Tagebuch. Alles Schöne, aber auch Trauriges schrieb ich nieder. Die Niederschrift meines Gedankengutes tut mir gut (Frb. 25; IV, 17).

Drei Elternteile suchten nach Informationsquellen zu diesem Problem, und acht nutzten überregionale Kontakte dafür. Manche, hauptsächlich Mütter, nahmen eine therapeutische Behandlung bzw. Beratung in Anspruch. Einige Male wurde die Partnerin oder der Partner als hilfreiches Gegenüber angeführt.

Wie geht es Ihnen am Ende dieses umfangreichen Fragebogens? Möchten Sie noch weitere Hinweise geben? (Abschnitt IV; Frage 17):
Mit diesem Abschluss des Fragebogens wurde beabsichtigt, den Eltern die Möglichkeit für ein zusätzliches Feedback zu geben. Einerseits bestand die Vermutung, dass die Beschäftigung mit den einzelnen Fragen ungute Gefühle hervorrief, die somit artikuliert werden konnten. Darüber hinaus sollten in dieser Frage unerwähnte

Aspekte und Hinweise angesprochen werden, was auch genutzt worden ist. Bereits im Vorwort dieses Buches fanden einige Aussagen der Eltern ihren Platz. Insgesamt gesehen hinterließen die Rückmeldungen den Eindruck, dass es für Mütter und Väter ein ganz besonders negativer Lebensumstand ist bzw. war, wenn das eigene Kind auf Trebe geht. Einige Elternteile berichteten über ihre aktuelle Situation in Form von ausgesprochenen Hoffnungen, Wünschen, Freude, Dankbarkeit und auch Trauer. Alle diese Mütter sowie Väter haben für ihr Kind, ihre Familie und sich selbst gekämpft bzw. sie tun es noch, getragen von dem Gedanken:

Du kannst nicht aufhören! Es geht nicht! Du hast keine Wahl, du musst weitermachen, denn ...[es gibt noch den Partner, die Partnerin, Geschwisterkinder usw., Anm. d. A.]. Und du hast selber noch ein Leben. Entweder du schwimmst jetzt oder du gehst unter! Untergehen war nicht möglich, also, schwimmen! (Int. 8/74, 7 ff.).

4. Betrachtungen zu den Erfahrungen der Eltern mit den verschiedenen Institutionen und Einrichtungen

4.1. Zu den Kontakten

Im Folgenden werden zunächst einmal die Verschiedenartigkeit sowie die Häufigeit des elterlichen Kontaktersuchens thematisch behandelt. Danach soll eine konkrete Betrachtung Aufschluss geben über das subjektiv wahrgenommene Erleben der Unterstützung.

Ich habe bzw. hatte Kontakt zu folgenden Einrichtungen oder Institutionen (Abschnitt II; Frage 1 und 2):
Die Eltern haben sich in ihrer Situation an unterschiedliche Institutionen bzw. Einrichtungen gewandt. Am meisten frequentiert waren Polizei, Schule, Jugendamt und Beratungsstellen, gefolgt von der Inanspruchnahme einer Rechtsanwältin oder eines Rechtsanwalts, der Kinder- und Jugendpsychiatrie sowie einer kirchlichen Einrichtung. Für drei Elternteile gab es zu den genannten Bereichen keinerlei Berührungspunkte. In dieser Untersuchung haben Mütter bzw. Väter diese Institutionen einmal (insgesamt 44 Nennungen), mehrmals (insgesamt 80 Nennungen) oder regelmäßig (36 Nennungen) aufgesucht (Abb. 16).

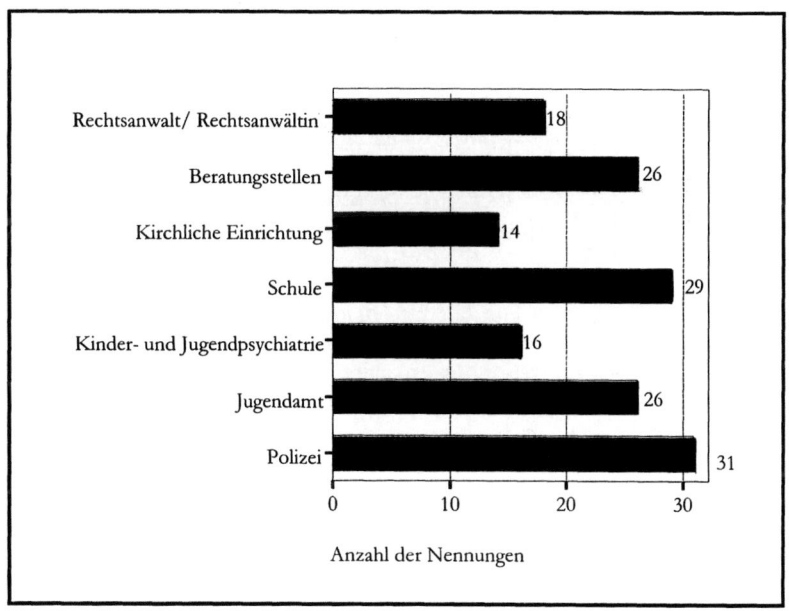

Abbildung 16. Kontakte zu Institutionen und Einrichtungen

Als weitere Anlaufpunkte sind der Schul- bzw. Jugendpsychologische Dienst, Einrichtungen der Jugendhilfe, das Gefängnis sowie die Elternkreise des Bundesverbandes drogengefährdeter und drogenabhängiger Jugendlicher e.V. genannt worden (siehe dazu auch: Arenz-Greiving, 2003).

Mütter und Väter haben, sofern sie sich für eine professionelle Unterstützung durch Mitarbeiterinnen und Mitarbeiter der verschiedenen Fachbereiche entscheiden, konkrete Erwartungen. Diese wurden von den interviewten Experten grundsätzlich als überhöht wahrgenommen.

Nach Eintritt der Situation wenden sich Eltern mit der Hoffnung an die jeweiligen Institutionen bzw. Einrichtungen, dass für das Problem *möglichst schnell eine Lösung* gefunden wird (Int. 3/33, 3 f.) und *das Kind sofort nach Hause kommt* (Int. 7/64, 32). In erster Linie ginge es ihnen dabei um Hilfe im Sinne von:

Ihr seid mein verlängerter Arm. Wir möchten gerne, dass ihr helft, dass wir unser Kind wieder in die Arme nehmen können (Int. 11/96, 20 f.).

Müttern und Vätern fehlt in der Regel das Verständnis dafür, dass es

...ein sehr einschneidendes Erlebnis ist, wenn ein Kind sagt: „Ich hau' von zu Hause ab." Und *dann ist einfach die Erwartung [der Eltern, Anm. d. A.], es käme auch genauso schnell und absolut wieder zurück nach Hause, zu hoch* (Int. 11/96, 10 ff.).

Diese Vorstellung der Mütter und Väter kann nur enttäuscht werden und

... da beginnt ja dann erst einmal das Problem. Und da entscheidet sich dann auch, ob die Eltern mit uns zusammen arbeiten wollen. Ob sie das so akzeptieren können, wenn sich ihre Hoffnung nicht in dieser Art und Weise erfüllt. Weil ... wir sie nicht erfüllen können. Dann wird genau dieses negative Bild [von der jeweiligen Institution, Anm. d. A.], verstärkt: „Die machen auch nichts!" (Int. 7/64, 34 ff.).

Eltern sind bemüht, in ihrer Situation Begleitung und Unterstützung zu erhalten. Ihre Verfassung ist *ungefähr so; als wenn ein Mensch stirbt und das völlig unerwartet* (Int. 4/44, 47 f.). Sie möchten, dass ihnen jemand zuhört und Verständnis hat. Dabei sind sie recht engagiert, um Ansprechpartner zu finden und laufen mitunter Gefahr, dass sie dann

... sagen: „Wir haben schon alles ‚abgeklappert'. Die können mir alle nicht helfen!" ... Da ist dann eine ganz klare Erwartungshaltung von den Eltern, also, ich sag' mal, so ganz eng der Blick. Also: „Hilfe ist erst dann Hilfe für mich, wenn ihr mir helft, mein Kind zurück in den elterlichen Haushalt zu bringen!" ... Und mit dieser Zielstellung rennen sie überall hin (Int. 11/96, 43 ff.). Und

Es gibt einen Teil ..., vielleicht sogar die Hälfte, da habe ich den Eindruck ..., die sehen in Jugendämtern und in einer Einrichtung, wie wir es hier sind, so eine Art „Reparaturwerkstatt".

Da wird das kaputte Auto hingebracht und auch repariert, und dann holt man es wieder ab. Und wenn die Reparatur nicht richtig erfolgt ist, dann sind sie richtig sauer ... (Int. 4/44, 33 ff.).

Ohne Zweifel sollte eine Reintegration des Kindes bzw. Jugendlichen nicht aus den Augen verloren werden, aber zwischenzeitlich besteht die Tatsache, dass Eltern sich mit diesem Problem aktiv auseinandersetzen müssen. Dazu gehört u. a. auch, die Erwartungshaltung zu thematisieren, sodass Mütter und Väter eine Bereitschaft entwickeln sich zu fragen:

Was kann ich wirklich erreichen? Was ist jetzt mit einem großen Kompromiss machbar? ... Was könnte ich ertragen? Wenn ich weiß, wo mein Kind ist? Ist es für mich wichtig, dass mein Kind zu Hause ist? Oder ist nur wichtig, dass ich weiß, wo es ist? ... Was ist für mich wichtig oder für das Kind akzeptabel? (Int. 9/81, 33 ff.).

Es ging den Experten im Rahmen ihrer Beratung darum, den Eltern Hilfestellung zu geben, damit sie verstehen lernen, dass nicht sofort etwas an der Situation geändert werden kann.

Wenn jemand ein Kind hat, der möchte natürlich das Beste für sein Kind ... Und, was muss ich machen, wenn ich merke, mein Kind will das gar nicht so, wie ich es will? Dann muss ich schon meine Erwartungen reduzieren, in einigen Teilen. Das heißt, dass ich aber auch selber hinter der Reduzierung stehen muss, und das nicht mit knirschenden Zähnen, sondern sage ...: „Okay, ich kann es nicht anders erwarten. Mein Kind hat einen eigenen Kopf, hat eigene Hände, hat einen eigenen Geist, das kann gar nicht anders." Für mich ist immer wichtig, dass mein Kind zufrieden ist. Dann hat es sich das ausgesucht und ist aber zufrieden (Int. 3/33, 10 ff.).

Für Eltern ist es dann ein großer Schritt zu akzeptieren:

Mein Kind ist ... auf Trebe, und ich muss das jetzt aushalten, muss abwarten bis mein Kind vielleicht wieder zurückkommt und dann die Tür aufhalten (Int. 7/64, 42 ff.).

Nur wenige sind offen zu verstehen, was die Jugendlichen mit ihrem Verhalten ausdrücken wollen (vgl. Int. 4/44, 42 ff.). Zudem setzt die elterliche Erwartungshaltung diese Mädchen sowie Jungen unter Druck. Sie ahnen, dass ihre Eltern von ihnen *super enttäuscht* sind, und *ein Kind will seine Eltern nicht enttäuschen* (Int. 7/63, 50 ff.). Von daher ist die Schwelle, wieder nach Hause zu gehen, seitens des Kindes, hoch. Perspektivisch gesehen ist es deshalb wichtig,

... Strategien mit Eltern zu erarbeiten, wie sie ihr Kind aufnehmen können. Ja, dass eben diese Trauer, diese Wut, all das, was die Eltern so durchlebt haben während dieser Zeit ..., dass sie das dem Kind dann nicht mitteilen. Nicht in dieser Situation, wenn das Kind wieder zurückkehrt, sondern dem Kind einfach auch wieder Perspektiven eröffnen. ... Diese Enttäuschungen sind ja da. Und da jetzt so ein Verständnis dafür zu schaffen, zu gucken wie sie [die Eltern,

Anm. d. A.] vorwurfsfrei dem Kind gegenübertreten können, um wieder einen Ansatzpunkt zu finden. Ja, das ist sehr schwer, und das ist auch unsere Aufgabe [das mit den Eltern zu erarbeiten, Anm. d. A.]. ... Schon sehr früh werden Strategien entwickelt, denn das Kind kann ja jederzeit nach Hause kommen .... Zudem ist die Rückkehr auch mit Angst verbunden [hier: bei den Eltern, Anm. d. A.] (Int. 7/64, 3 ff.).

Insgesamt ist die *Politik der kleinen Schritte* wichtig, das heißt neu ins Gespräch zu kommen und die Beziehung zueinander wieder herzustellen (Int. 11/96, 10). Dabei geht es in erster Linie darum, aus dieser verfahrenen Situation *wieder herauszukommen*, und da wird versucht, *den Ball möglichst „flach" zu halten* (Int. 11/95, 31). Thematisiert wurden auch folgende Aspekte:

Aber wie erfolgt die Integration in die Umwelt? Meistens waren ja diese Kinder dann auch länger nicht in der Schule? Wo kann da dann wieder angesetzt werden? Und dann haben sie auch unheimlich viel erlebt in dieser Zeit. Welche Möglichkeiten der Verarbeitung gibt es dann? (Int. 7/67, 20 ff.).

Abschließend soll nicht unerwähnt bleiben, dass sich die Mitarbeiterinnen und Mitarbeiter der einzelnen Fachbereiche teilweise selbst unwohl gefühlt haben und unzufrieden waren, weil sie so wenig für die Eltern tun konnten. Das deutet an, dass diese Situation für alle Beteiligten schwierig ist.

4.2. Zu den einzelnen Fachbereichen

In den anschließenden Betrachtungen werden die Ergebnisse der qualitativen und quantitativen Untersuchung zu den einzelnen Fachbereichen zusammenfassend aufgezeigt. Dabei kommt es teilweise sowohl zu einer Darstellung aus dem Blickwinkel der Experten als auch aus der Sicht von Eltern.
Die statistischen Angaben der Mütter sowie Väter zur Benotung einzelner Kriterien (Kompetenz, Wertschätzung, Verständnis) hinsichtlich der einzelnen Fachbereiche spiegelt sich in einer jeweiligen Graphik wider. Die Aussagen über die erfolgte Zusammenarbeit sind einer zuvor erstellten Häufigkeitstabelle entnommen.
In der beschreibenden Auswertung erfolgte ein Splitting in eine positive (sehr gut, gut, befriedigend) und negative (ausreichend, mangelhaft, ungenügend) Gewichtung.

Benoten Sie die Mitarbeiterinnen und Mitarbeiter der folgenden Einrichtungen hinsichtlich ihrer Kompetenz, Wertschätzung Ihnen gegenüber, ihrem Verständnis für Sie sowie Ihr Problem und ihrer Zusammenarbeit mit Ihnen (Abschnitt III; Fragen 1, 2, 3 und 4):

4.2.1. Polizei
4.2.1.1. Aus Sicht der Experten

Um zu erfahren, wo sich ihr Kind aufhält, schöpfen die meisten Mütter und Väter zunächst einmal die eigenen Möglichkeiten der Suche umfassend aus. Bleiben diese erfolglos, nehmen Eltern nachfolgend Kontakt zu der zuständigen Polizeidienststelle auf, und sie erstatten eine Vermisstenanzeige. In der Regel werden dort u. a. neben den Personalien die Personenbeschreibung, wie z. B. Aussehen, Bekleidung und besondere Auffälligkeiten, angegeben. Die Experten sprachen an, dass es manchmal nicht leicht sei, ein aktuelles Foto vom vermissten Kind zu bekommen. Wichtige Auskünfte sind u. a. auch eine Handynummer, Kontaktadressen von Freunden, Hinweise über das Freizeitverhalten und etwaige Gründe bzw. Ursachen für das Verschwinden des Kindes.

Wo die Anzeige aufläuft, da sind die ersten polizeilichen Maßnahmen. Taxi, Verkehrsbetriebe, Bundesgrenzschutz ... Also, alle diese Anlaufpunkte sind mit einzubeziehen. Dann die Fahndung auslösen, die örtliche ... Das dauert alles so seine Zeit. Die Anzeige ist geschrieben, und dann geht die Aktion zum Kriminaldauerdienst. Und dann kommt sie zu uns [in die Polizeidirektion, Anm. d. A.] (Int. 2/13, 31 ff.).

Für Eltern, deren Tochter oder Sohn zum ersten Mal abgängig ist, gestaltet sich diese Tatsache anders als für diejenigen Mütter sowie Väter, die diese Situation schon des Öfteren erlebt haben.

„Verlassene Eltern!" ... Das belastet ... gewaltig. Alle! Die Eltern sind ja mit einer Situation konfrontiert, mit der sie nicht gerechnet haben. Wir sind damit konfrontiert, weil wir nicht wissen, warum die Kinder weggelaufen sind. Und damit bekommen wir auch ein Problem, weil wir nicht wissen, wie wir die Situation anfassen sollen: Was sagen wir den Eltern? Was raten wir den Eltern? (Int. 2/8, 15 ff.).

Grundsätzlich wird unterschieden, ob das Kind bereits mehrfach abgängig war oder diese Situation plötzlich eingetreten ist.

Gerade die Eltern [bei denen das Kind zum ersten Mal verschwunden ist, Anm. d. A.] sind die großen Problemfälle, weil die ja vollkommen vor den Kopf gestoßen sind. Da ist immer die Angst im Hinterkopf, da könnte was passiert sein (Int. 2/10, 44 ff.).

Bei Dauerausreißern wird bei den Mitarbeitern der Polizei davon ausgegangen, dass es sich nur um eine kurzzeitige bzw. vorübergehende Abgängigkeit des Kindes handelt. Vermisstenanzeigen erhalten den Vermerk:

„Wie bekannt!" ... Weil das alles nicht an Zeit gebunden ist, mal vier oder vierzehn Tage, und dann ist es [das Kind, Anm. d. A.] wieder da. Bei der Polizei wird dann kein großer Aufwand

mehr betrieben. Ja, aber gefährlich ist das, sehr gefährlich, weil man letzten Endes nicht weiß, was denn nun wirklich passiert ist. Und lass mal was passiert sein! (Int. 2/23, 19 ff.).

Mütter und Väter erwarten von der Polizei, dass das Kind gesucht und gefunden wird. Mitunter kann es dabei zu einer Unzufriedenheit seitens der Eltern kommen:

Zum Beispiel vorigen Montag, da habe ich elf ... Vermisstenvorgänge auf dem Tisch zu liegen gehabt. Davon haben sich fünf im Laufe bis um elf erledigt gehabt. Da ist man erst mal geschockt, wenn man aus dem Wochenende kommt. Da muss man erst mal schnell alles durcharbeiten und gucken ...: Wo könnten sie sein? Ja, das kostet Zeit. Und wehe, man hat einen Vorgang nicht parat! Da rief eine Mutter an: „Ja", sag' ich, „damit hab' ich mich noch gar nicht befasst und durchgelesen." Da kommt dann gleich: „Ja, warum denn nicht? Sie sind doch der Sachbearbeiter!" – „Aber ich hab' noch mehrere! Verstehen Sie das nicht?" Die Eltern sehen dann immer nur: Mein Kind ist weg, und mein Problem steht im Vordergrund. Und warum wird mein Problem nicht als erstes bearbeitet? Ich leide doch so dolle drunter! (Int. 2/23, 30 ff.).

Äußerungen wie diese werden von den Mitarbeiterinnen und Mitarbeitern der Polizei als ein Stück Stressbewältigung seitens der Elternteile wahrgenommen, denn *irgendwo muss ein Ventil her, und das Ventil ist dann eindeutig bei uns* (Int. 2/11, 6ff.). Im Großen und Ganzen suchen die Mütter und Väter auch Unterstützung, um mit diesem Problem zurechtzukommen.

Es passiert ... oft genug, dass die Eltern dann ... schon fast vor der Tür stehen, anrufen und fragen: „Kann ich vorbei kommen?" Und im persönlichen Gespräch sind das dann nicht nur zehn Minuten. Das wäre unhöflich und bringt nichts. Das ist dann schon eine halbe oder ganze Stunde. Manchmal sind es dann auch zwei Stunden, die dann dafür einzuplanen sind und die dabei auch wirklich draufkommen. Teilweise spielt die Hilflosigkeit der Eltern eine Rolle, und teilweise kommt auch deren Isolation in der Gesellschaft zum Tragen. ... Oft genug wollen die Elternteile bloß mit jemandem reden, weil sie das in ihrem Umfeld nicht finden (Int. 2/10, 19 ff.).

Die Polizei kommt an ihre Grenzen, wenn der oder die Vermisste nicht gefunden wird bzw. auch die Identität nicht preisgeben sowie *eben auch nicht sagen* will, *dass sie in ihrer Heimatstadt gesucht werden* (Int. 2/12, 30 f.). Andererseits besteht die Schwierigkeit, dass der Jugendliche bestimmt:

„Ich will nicht nach Hause!" Dann bringen wir sie in den Kinder- und Jugendnotdienst. Und da werden sie nicht festgehalten und nix. Und dann sind sie wieder weg. Die Personalien sind dann zwar bekannt, aber auf jeden Fall haben sie die Möglichkeit, von dort aus wieder zu verschwinden. Das programmiert die nächste Vermisstenanzeige. ... Und dann geht das Ganze von vorne los. ... Die Eltern wissen dann: Ja, jetzt war es mal kurz da! So haben sie nur die eine Meldung: „Das Kind lebt!", und was anderes nicht (Int. 2/17, 45 ff.).

Für die Mitarbeiter der Polizei ist neben den Eltern auch das zuständige Jugendamt mit seinen Jugendhilfeeinrichtungen ein notwendiger und wichtiger Ansprechpartner. Mitunter geht es auch um Fragen, ob dieser Institution irgendwelche Probleme innerhalb der betroffenen Familie bekannt sind und welche Unterbringung für den Jugendlichen vorgesehen ist, sofern dieser eine Rückkehr ins Elternhaus ablehnt. Wie bereits erwähnt, stellt sich bei den Mädchen und Jungen, die auf der Straße leben wollen, das Problem der Illegalität, da sie gegen das Aufenthaltsbestimmungsrecht ihrer Personensorgeberechtigten verstoßen. Im Verlauf einer dauerhaften Abgängigkeit ist es eher selten, dass die Kinder- und Jugendlichen in keine gesetzeswidrigen Handlungen verwickelt sind. Sie werden, z. B. durch Diebstähle, Sachbeschädigungen, Körperverletzung, unerlaubte Haus- sowie Platzbesetzungen, Prostitution und Verstöße gegen das Betäubungsmittelgesetz, polizeilich auffällig. Sofern ihnen von der Polizei Straftaten nachgewiesen werden und die Staatsanwaltschaft Anklage erhebt, kommt es bei Minderjährigen zur Benachrichtigung der Eltern oder des gesetzlichen Vertreters. Von daher sind Eltern während der Abwesenheit mit den Begleiterscheinungen der Straßenkarriere ihres Kindes konfrontiert. Es besteht dabei allerdings das Problem, dass sie nichts dagegen unternehmen können.

4.2.1.2. Aus Sicht der Eltern

Mütter und Väter haben sich über das seitens der Polizei entgegengebrachte Verständnis ($n = 33$) sowie deren Wertschätzung ($n = 34$) relativ positiv geäußert. Im Hinblick auf die Kompetenz der Mitarbeiterinnen und Mitarbeiter bildeten sich neun Aussagen im Bereich *mangelhaft* bzw. *ungenügend* ab ($n = 34$). Da die Bewertungen der Eltern vorwiegend im Mittelfeld, also bei *gut* und *ausreichend* liegen, kann das Feedback insgesamt als positiv eingeschätzt werden (Abb. 17). Bei der Bewertung der Zusammenarbeit ($n = 31$) unterschieden sich in allen Fragestellungen Frauen und Männer nicht. Insgesamt gab es neunzehn positive sowie dreizehn negative Nennungen. Mehr als ein Drittel empfanden die Kooperation als *befriedigend*. *Sehr gute* und *ungenügende* Einschätzungen kamen nur vereinzelt vor. Als konkrete Erwartung an die Institution Polizei wurde im Rahmen eines Interviews formuliert:

Dass seitens der Polizei einfach eine ganz andere Reaktion [gegenüber dem Kind, Anm. d. A.] kommt, nämlich ...: „Das kannst du ganz einfach nicht machen. Es ist nicht richtig, was du machst!" Auch wenn es vielleicht zwecklos wär'. Aber ihr [der Tochter, Anm. d. A.] zu zeigen, dass da zwei ... zusammenarbeiten, die Eltern und andererseits die Polizei, wo sie einfach nicht gegen ankommt! Das war eigentlich das, was wir erwartet hatten (Int. 8/74, 1 ff.).

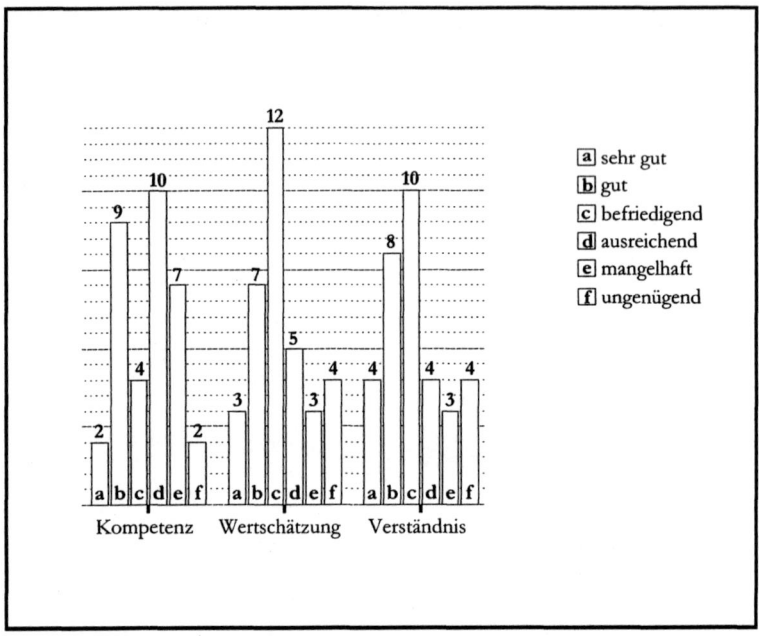

Abbildung 17. Erfahrungen mit der Polizei

4.2.2. Jugendamt
4.2.2.1. Aus Sicht der Experten

Zunächst einmal wurde von den Mitarbeiterinnen und Mitarbeitern die Beobachtung geäußert, dass es für Eltern nicht leicht ist, ins Jugendamt zu gehen und *berichten zu müssen, dass sie Probleme mit ihrem Kind haben* (Int. 7/59, 24 ff.). Im Vorfeld gab es seitens der Eltern oftmals bereits Kontakte zu Polizei und Schule. Dort wurde ihnen zumeist die Empfehlung gegeben, sich an das Jugendamt zu wenden. Alle Experten der verschiedenen Institutionen haben als wichtigsten Ansprechpartner für die Eltern das Jugendamt genannt, da sie dort ihren Anspruch auf Beratung nach dem Kinder- und Jugendhilfegesetz geltend machen können. Hinsichtlich der Thematik wurde angemerkt, dass *die Eltern zu spät zu uns kommen* (Int. 7/59, 32 f.), nämlich dann,

... wenn die Kinder schon in den Brunnen gefallen sind, also, wenn sich die Situation verhärtet hat. Die Eltern nehmen dann auch schwer Ratschläge an von uns, oder Hinweise oder Hilfemöglichkeiten, weil sie eben überhaupt keinen Ausweg sehen. Wenn wir Hinweise oder Ratschläge geben, da wird ja auch nicht gleich eine Veränderung eintreten, sodass die Eltern auch nicht gleich

und sofort ein Ergebnis haben und sie dann auch ganz schnell aufgeben. Sie [die Eltern, Anm. - d. A.] müssen ständig motiviert werden (Int. 7/60, 3 ff.).

Im Allgemeinen steht die Institution Jugendamt in der Öffentlichkeit unter Handlungsdruck und wird nicht selten kritisiert. Der institutionelle Wandel von einem eingreifenden staatlichen Machtinstrument zu einem „sozialstaatlichen Dienstleistungsangebot" findet nicht nur Befürworter.

Im Normalfall gibt es ja die Möglichkeit ..., sich zum Beispiel an das Jugendamt zu wenden und um Hilfe zur Erziehung zu ersuchen. Aber das Jugendamt kann eben auch nicht helfen, wenn man nicht an die [abgängigen, Anm. d. A.] Kinder 'rankommt (Int. 5/50, 26 ff.).

In den Interviews wurde die Tatsache diskutiert, dass Jugendliche sowie Eltern oftmals nicht gleichermaßen betreut werden und Jugendamtmitarbeiter in der Regel kaum die Frage stellen, was *das Sinnvollste* für die gesamte Familie wäre (Int. 3/32, 30). Ein ganzheitliches Denken wird nicht selten vermisst, und es fehlt der Blick dafür, dass jeder am Problem Beteiligte das Potenzial der Lösung in sich trägt und aktiv dazu beitragen kann.
Eine zunehmende Verschlechterung der Betreuung zeichnet sich zudem insofern ab, dass die Handlungsansätze *unter der Prämisse der finanziellen Engpässe* gesehen werden (Int. 3/32, 28).

Die Jugendämter stehen ... unter Druck, im Hinblick auf Geldkürzungen und Personalkürzungen, und was so alles ansteht. Und sie müssen Erfolge liefern. Und dann kommen so 'ne Jugendlichen an, die dermaßen schwierig sind, die man gar nicht resozialisieren oder integrieren kann. Das ist manchmal eine Überforderung für die Leute [Jugendamtmitarbeiter, Anm. d. A.]. Sie müssen ja Erfolgsmeldungen abliefern. ... Manchmal wissen sie es besser und trauen es sich nicht zu sagen, denn sie sind so eine Art Dienstleistungsgesellschaft und haben im Namen der Gesellschaft zu handeln. Das ist ja eigentlich okay, denn die Gesellschaft ist ja eigentlich ein Organismus, und da hinein zu integrieren ist ja völlig richtig. Aber Jugendliche mit ihrem Aufbegehren, ihren Ideen und Gedanken für die Gesellschaft fruchtbar zu machen und zu integrieren in einen Prozess der Auseinandersetzung, dafür hat hier [im Jugendamt, Anm. d. A.] kaum noch jemand Verständnis (Int. 4/47, 25 ff.).

4.2.2.2. Aus Sicht der Eltern

Gemessen am Beratungsauftrag des Jugendamtes, ist die Einschätzung der Kompetenz der Mitarbeiterinnen und Mitarbeiter dieses Fachbereiches seitens der Eltern ausgesprochen schlecht ausgefallen. Sechs positiven stehen dreiundzwanzig negative Nennungen gegenüber ($n = 29$). Die den Befragten entgegengebrachte Wertschätzung ($n = 29$) und deren Verständnis für die Mütter sowie Väter ($n = 28$) stellen sich ausgewogen dar (Abb. 18). Die Angaben zum Empfinden der Zusammenarbeit tendieren dazu, dass die Eltern, insgesamt gesehen, nicht zufrieden waren ($n = 25$).

Warum tut das Jugendamt nichts? ... Dafür finde ich keine Erklärung.... Die einzige Möglichkeit, die ich in Erwägung ziehen würde ... ist, dass man dort nicht so intensiv damit beschäftigt ist, sich mit diesem Problem auseinander zu setzen und das Problem als solches auch nicht so einordnet. Also, ich mein' das so: Das Verhalten dieser Kinder wird abgetan mit einem bisschen Pubertät im Zusammenhang mit einem bisschen Eigenwillen der Kinder. Und dann ist das erledigt. ... Alle Fakten im Zusammenhang zu sehen und die Größe des Problems einzuschätzen, ist man, meines Erachtens, nicht in der Lage ... Dass die Anzahl der Kinder zunimmt, die eigentlich, ich sag' mal so in Anführungsstrichen, aus „ordentlichen Elternhäusern kommen"; und diese Tatsache vielleicht auch zu hinterfragen, fehlt. ... Und es hieß immer: Die Eltern müssen! ... Also, die Eltern müssen eigentlich alles. Aber, wenn es darauf ankam, hat man uns in gewissen Sachen ganz schnell klar gemacht, dass Eltern so viele Rechte eigentlich nicht haben. ... Das Jugendamt hat gesagt: „Das müssen die Eltern!" Aber, wir hörten auch Sätze wie: „Wenn Sie sich jetzt hier nicht hinsetzen, dann geh' ich zum Gericht und lass' Ihnen das Sorgerecht entziehen" (Int. 8/71, 31 ff.; 76, 32 ff.).

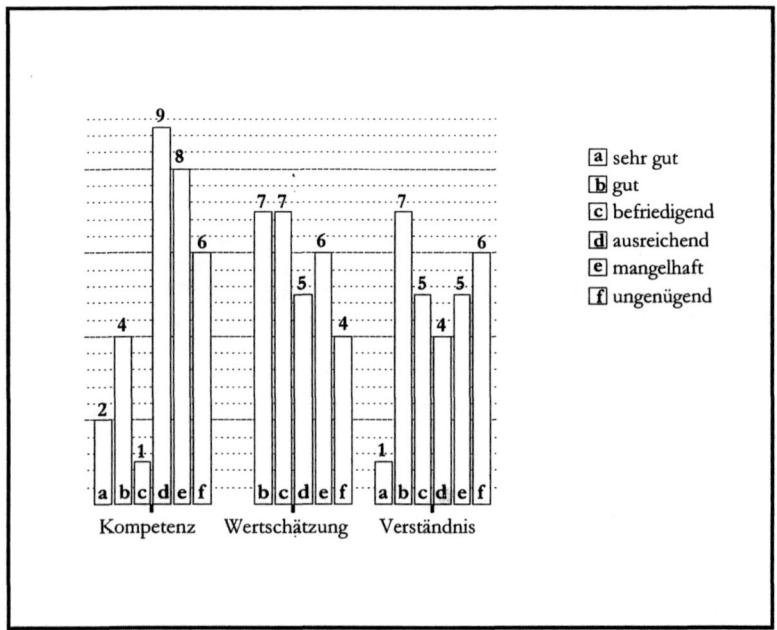

Abbildung 18. Erfahrungen mit dem Jugendamt

Es wird davon ausgegangen, dass es auf Grund eines falschen Problemverständnisses zu der Ergreifung von falschen Maßnahmen kommt. Das heißt,

... wenn man sich mehr beschäftigt mit dem Thema, hätte man so falsch nicht reagiert, und dann hätte man das Kind auch nicht wieder gestärkt in seiner Reaktion (Int. 8/75, 32 ff.).

Von den Mitarbeiterinnen und Mitarbeitern des Jugendamtes wurde zudem erwartet, *nicht als Schuldige angeprangert* und als Eltern für *voll genommen* zu werden (Int. 3/32, 2 f.). Zudem wollen Eltern Unterstützung im Hinblick auf ihren Erziehungsstil. Grundsätzlich gesehen wünschen sich Mütter und Väter, in *ihrer Rolle als Eltern* gestärkt zu werden (Int. 3/32, 11). Und *das ist das Allermindeste, sonst geht alles [die Familie, Anm. d. A.] kaputt* (Int. 8/75, 1 f.).

4.2.3. Kinder- und Jugendpsychiatrie
4.2.3.1. Aus Sicht der Experten

In der Fachöffentlichkeit werden Straßenkarrieren der Trebegänger und eine psychiatrische bzw. psychologische Behandlung bereits seit längerem im Zusammenhang mit der Jugendhilfe diskutiert (siehe dazu z.B.: Jogschies et al., 1995). Die Jugendhilfeeinrichtungen

signalisieren: „Wir brauchen Hilfe!" und die [Kinder und Jugendlichen, Anm. d. A.] kommen dann, ... über ein Vorgespräch [z. B. in eine stationäre Therapie, Anm. d. A.] (Int. 9/79, 8 ff.).

Mitunter ergeben sich Schnittpunkte zwischen dem Jugendlichen und der Psychiatrie auch im Zusammenhang mit einem Drogenkonsum oder Drogenentzug. Manchmal führt ein richterlicher Beschluss zu einer stationären Unterbringung des Mädchens bzw. Jungen, um zum Beispiel eine Selbstgefährdung abzuwenden oder eine Aufnahme in den Strafvollzug zu vermeiden. Neben Gefängnis, Drogentherapie oder einer *Rückkehr zu einem Leben mit festem Wohnsitz* wird die Psychiatrie als ein möglicher Endpunkt von Straßenkarrieren gesehen (Jogschies et al., 1995, S. 97). Die befragte Psychiatrie-Expertin sagte im Hinblick auf das Thema:

Es spielt schon eine Rolle bei uns in der Klinik, aber eine relativ geringe, weil ja gerade diese Kinder, die ständig unterwegs sind und nicht wirklich zu greifen sind, eine Zeit brauchen, um dann in der Psychiatrie zu „landen" (Int. 9/78, 4 ff.).

Es kommt selten vor, dass sich Eltern Rat im Rahmen einer psychiatrischen Sprechstunde suchen, da die Hemmschwelle *Psychiatrie* ausgesprochen hoch ist (Int. 9/78, 26). In verschiedenen Studien wurde angesprochen, dass Kinder und Jugendliche in die Psychiatrie kommen, „nicht weil sie psychisch krank sind, sondern weil den Sozialarbeitern, den Jugendämtern, den Eltern nichts anderes mehr eingefallen ist und die dann einfach weggeschlossen werden, weil weglaufen da als Krankheit behandelt wird und nicht als Symptom" (u. a. Jogschies et al., 1995, S. 99).

Im Allgemeinen ist eine Hilflosigkeit und Überforderung gegenüber dem Trebegängerphänomen zu beobachten:

Wir ... haben versucht, das Problem in die Öffentlichkeit zu tragen. Warum? Weil es unseres Erachtens regelrecht verschwiegen wird. ... Die Jugendämter stecken in einem Dilemma. Auf der einen Seite ist die Verwahrlosung ein Recht, dass man erst ab achtzehn bekommt. Unter achtzehn müssen die Leute irgendwo untergebracht werden, und die Jugendämter sind dafür verantwortlich, bis hin zur Polizei. Die Polizei ist überfordert und sagt: „Wir haben noch andere Sachen zu tun, als die Leute in die Schule zu bringen oder auf die aufzupassen." Die Lehrer wissen nicht mehr weiter, die Psychologen auch nicht. Die [Jugendlichen, Anm. d. A.] haben ja alles durch. Und die Jugendämter sind hilflos und müssten etwas machen und wissen aber, dass sie nichts machen können. Die Gesetze ernst nehmen hieße ..., alle Leute zwangseinzuweisen. Die [Institutionen, Anm. d. A.] stehen da vor einem Problem. Die einen verschließen die Augen und tun, als ob es gar nicht da wäre. ... Andere [hier: der interviewte Experte, Anm. d. A.] gehen so auf eine Gratwanderung, bieten Hilfe an und verletzen dabei Gesetze. Das ist ein Problem, was wir versucht haben in die Öffentlichkeit zu tragen und eine gesellschaftliche Diskussion in Gang zu bringen. ... Letztlich werden „Störenfriede" nicht mehr, so wie in den 60er Jahren [des 20. Jahrhunderts, Anm. d. A.] als Minderheit, als Gruppe angesehen, die auch eine wichtige Botschaft für die Mehrheit haben, sondern als „Störenfriede". Wie das Wort sagt: „die stören". Und da gibt es eine Ermahnung oder Hilfestellungen, und wenn die nicht funktionieren, nicht angenommen oder akzeptiert werden ..., dann werden die Leute abgeschoben, ... regelrecht ... „psychiatrisiert" (Int. 4/38, 14 ff.).

Die Fragestellung, ob „man Kinder und Jugendliche, die sich und/oder andere gefährden und sich ... der erzieherischen Einflussnahme von Familie, Schule und Jugendhilfe entziehen, zeitweise ihrer äußeren Freiheit berauben" (http://cgi.dji.de) darf oder sogar muss, wird seit kurzem wieder intensiver von der Fachöffentlichkeit diskutiert (siehe dazu u. a.: Hoops, 2004; Permien, 2004).
Eine geschlossene Unterbringung (GU) ist generell nur zum *Schutz des Kindeswohls* erlaubt. Die Entscheidung darüber obliegt der Familienrichterin bzw. dem Familienrichter. Die Aufgabe des Gerichts besteht lediglich darin zu prüfen, ob eine Unterbringung nach § 1631b Bürgerliches Gesetzbuch (BGB) wirklich unumgänglich ist. Voraussetzung für eine Genehmigung ist zunächst einmal ein fachärztliches Gutachten (§ 70e Gesetz über die Angelegenheiten der freiwilligen Gerichtsbarkeit – FGG), das eine Situation von Krankheitswert und die Unumgänglichkeit einer freiheitsentziehenden Maßnahme (FM) bestätigt. „Geeignet ist eine Unterbringung dann, wenn durch sie eine Heilung oder Besserung der Krankheit oder der Verhaltensauffälligkeiten des Kindes erreicht werden kann" (Ministeriums der Justiz, 2005, S. 6). Grundsätzlich füllt das Gericht die Rolle des *staatlichen Wächteramtes* aus und hat die Aufgabe zu verhindern, dass Eltern ihre Kinder *abschieben ..., wenn sie mit ihnen nicht mehr klarkommen* (Int. 5/49, 40 f.). Bevor eine Entscheidung vom Familiengericht getroffen wird,

sind die Personensorgeberechtigten zu hören ..., der Jugendliche selbst ist ... zu hören und das Jugendamt ist am Verfahren zu beteiligen [§ 70–70 n FGG; § 50 FGG, Anm. d. A.] (Int. 5/51, 36 ff.).

Grundsätzlich gesehen, erfordern freiheitsentziehende Maßnahmen eine Zusammenarbeit von Eltern, Kinder- und Jugendhilfe, Justiz sowie Kinder- und Jugendpsychiatrie, um perspektivisch Erfolg zu haben. Das Phänomen der „Trebegänger" spielt im Aufgabenbereich eines Familienrichters eine untergeordnete Rolle:

Bei diesen Kindern ist es schon von der Situation her oft so: Die Eltern kommen dann, wenn sie von irgendwo gehört haben, dass es die Unterbringung gibt. Das ist so ihr letzter Hoffnungsschimmer. Sie denken, sie stellen den Antrag und damit ist es geklärt. Aber oft wissen sie nicht, wo die Kinder sind. Und damit geht der Antrag schon ins Leere, weil es dann wahrscheinlich keinen Arzt gibt, der die Voraussetzungen [in Form eines Gutachtens, Anm.d.A.] bescheinigen kann. ... Und es besteht auch nicht die Möglichkeit, das Kind zu einem Arzt, notfalls zwangsweise mit Hilfe des Jugendamtes ... vorzuführen, weil ja keiner weiß, wo das Kind ist. Und damit sind die Möglichkeiten, die Hoffnungen der Eltern zu erfüllen, schon ausgeschöpft (Int. 5/49, 22 ff.)

Betroffene Mütter und Väter wollen Hilfe, und ihre Erwartungen an das Gericht sind groß. Da die Eltern meistens nicht über Verfahrensweisen informiert sind,

... denken sie, das Gericht kümmert sich gleich noch um ein entsprechendes Bett in einer Einrichtung. Das ist ... das erste, was man ihnen erklären muss, dass wir das [die Unterbringung, Anm. d. A.] nur genehmigen. Wenn sie Pech haben, kommen sie auf die Warteliste [zur stationären Aufnahme, Anm. d. A.]. Der Beschluss ist für sechs Wochen genehmigt. Und die sechs Wochen sind 'rum, wenn das Bett dann da ist (Int. 5/51, 4 ff.).

Zunehmend wird ein Kind bzw. Jugendlicher nur im Falle einer akuten Krise und bei Suizidgefahr kurzfristig und unter kontrollierten Rahmenbedingungen geschlossen untergebracht. Eine längere freiheitsentziehende Maßnahme wird innerhalb der Jugendhilfe kontrovers diskutiert. Während in Anbetracht der sich verstärkenden Probleme im Kinder- und Jugendbereich einerseits mehr auf geschlossene Unterbringungen spezialisierte Einrichtungen gefordert werden, lehnen andere Vertreter diese aus pädagogischen Gründen vehement ab (siehe dazu u. a.: http://cgi.dji.de). Verstärkt entwickeln sich Alternativen in Form von intensivtherapeutischen Einrichtungen der Jugendhilfe (siehe dazu u. a.: Ministeriums der Justiz, 2005). Allerdings bleibt das Problem, dass

... die Eltern handeln möchten. Und wenn das Kind nicht greifbar ist, können sie gar nichts machen. Jeder, der Kinder hat, weiß: Wenn es dem Kind nicht gut geht, versucht man alles Mögliche, aus welchem Problem heraus auch immer. ... Aber wenn das Kind eben weg ist, dann entzieht es sich ja total. Das ist wahrscheinlich auch diese Ohnmacht, diese Verzweiflung der Eltern! (Int. 5/53, 40 ff.).

4.2.3.2. Aus Sicht der Eltern

Im Verhältnis zu den anderen Fachbereichen sind die Kompetenz (n = 15), Wertschätzung (n = 15) und das Verständnis (n = 15) der Mitarbeiter von kinder- und jugendpsychiatrischen Einrichtungen seltener bewertet worden. Eltern haben dort nicht sehr häufig Hilfe und Unterstützung gesucht. Bei der Beurteilung der entgegengebrachten Wertschätzung und dem Verständnis wurden doppelt so viele positive Nennungen gemacht. Die Kompetenz bildet sich bei sechs *mangelhaften* und *ungenügenden* Bewertungen ansonsten ausgewogen ab. Bei der Zusammenarbeit (n = 14) ist eine ausgewogene Einschätzung zu erkennen, wobei kein *ungenügend* vergeben worden ist. Eine Signifikanz zwischen dem jeweiligen Geschlecht der Antwort gebenden Person und einer Benotung der Zusammenarbeit ergab sich daraus, dass zahlenmäßig mehr Mütter geantwortet haben (p = 0.035/*).

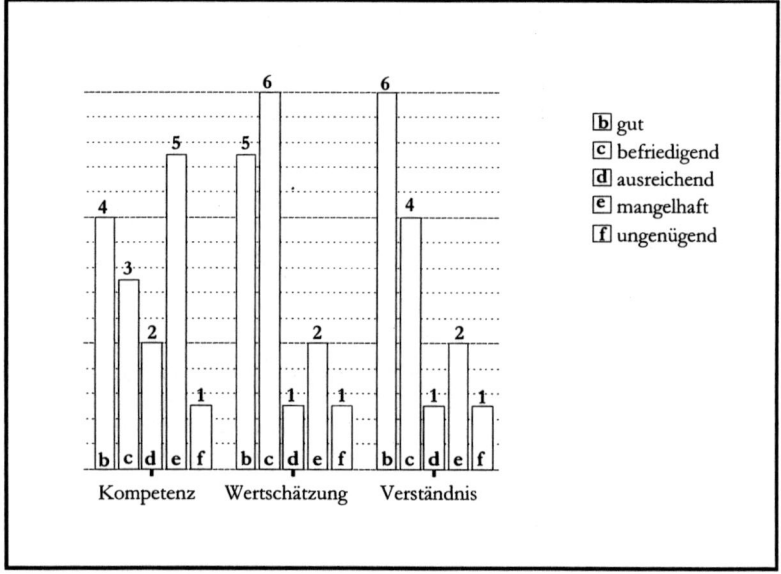

Abbildung 19. Erfahrungen mit der Kinder- und Jugendpsychiatrie

Im Großen und Ganzen tendiert diese Rückmeldung dahin, dass Eltern mit der Betreuung zufrieden waren:

Das war eigentlich das erste Mal eine Einrichtung, ... die uns ... Mut gemacht ... und die uns zweitens gesagt hat: „Das und das müssen Sie tun. Und das und das können Sie tun. Und der Weg dorthin ist so und so." ... Das hat uns vorher keiner gesagt! ... Beim Jugendamt hat man uns gesagt, nach dem ersten oder zweiten Mal: „Also, eigentlich hört es sich ja so an, als ob das Kind eine „Hasche" hat. Die können wir auch wegsperren lassen!" Unter „Wegsperren" verstehe ich aber nicht das, wo sie jetzt ist. ... Sondern ich hab' das eingeordnet als: Die wollen sie wirklich wegsperren, in Zwangshaft! Und das hab' ich nicht als Hilfestellung verstanden. ... Die [in der Kinder- und Jugendpsychiatrie, Anm. d. A.] helfen wirklich. Und wenn es nur das Verständnis ist in der Form: „Wir stempeln Sie nicht ab, und Sie erzählen uns auch nichts Neues!" Allein schon dieser Satz ...: „Sie erzählen uns da nichts, was wir noch nicht gehört haben." Das war wie so ein Stein, der da geplumpst ist. Das war das erste Mal, dass uns zugehört wurde, und es war das erste Mal, dass uns nicht vermittelt wurde: „Oh, Gott, mit denen möchte ich nichts zu tun haben." Das allein war schon eine Hilfe für uns, die uns bestärkt hat, etwas zu tun: „Wir stehen nicht mehr alleine da! Wir werden nicht abgestempelt! Es gibt Möglichkeiten!" ... Das war der erste Ansatzpunkt, wo wir sagen konnten: „Wir sind ein kleines Stückchen weiter! (Int. 8/72, 10 ff.).

4.2.4. Schule

Schulverweigerung stellt sich im Hinblick auf die Thematik als Vorläufer bzw. Begleitphänomen dar. Um für das Interview eine Gesprächpartnerin oder einen Gesprächspartner zu finden, der selbst ein Teil des Handlungsfeldes im Rahmen des Forschungsgegenstandes ist, sind die Schulleiterinnen und Schulleiter von Gymnasien sowie integrierten Gesamtschulen kontaktiert worden. Damit wurde die Klientel zunächst einmal bewusst festgelegt, da acht Elternteile (20,5 %) bei der Beantwortung diese Schulform für ihr betroffenes Kind angegeben hatten. Im Verlauf zeigte sich allerdings, dass nach Auskunft der Ansprechpartner in diesen Schulen weder das Problem der Schulverweigerung noch das der Trebegänger vorlag. Letztlich wurde das Expertenwissen einer Mitarbeiterin aus dem Sekundarschulbereich in die Studie einbezogen. Der Inhalt des Gespräches bezog sich explizit auf das Phänomen der Schulverweigerung, da auch dort das Trebegängerphänomen bisher nicht aufgetreten ist.

Eine vom Kultusministerium Sachsen-Anhalt in Auftrag gegebene Studie ergab, dass in diesem Bundesland die Schulversäumnisrate im 2. Halbjahr des Schuljahres 2002/2003 bei 2,12 % lag (Gallschütz, 2004). Die betroffenen Kinder und Jugendlichen waren durchschnittlich 15,5 Jahre alt (Klassenstufe 9), wobei mehr Mädchen (52,9 %) als Jungen (47,1 %) auffällig geworden sind. Die jüngsten hatten zum Erhebungszeitpunkt ein Alter von sechs, die ältesten von 21 Jahren. Der Anteil der Schulversäumnisse im Verhältnis zur Schülerzahl in den Schulformen bewegte sich z. B. in der Gymnasialstufe bei 0,44 %, in der Gesamtschule bei 1,47 % und der Sekundarschule bei 3,6 %. Auf eine Befragung von Schülerinnen und Schülern in einer Kreisstadt in Sachsen-Anhalt zum Thema „Schulverweigerung" im Zusammenhang mit der Vorstellung des Projektes „Integration statt Ausgrenzung" vom Internationalen Bund e. V., Ausbildungszentrum Magdeburg, wird an dieser Stelle lediglich hingewiesen.

Die Institution „Schule" spielt hinsichtlich der Trebegängerproblematik eine wesentliche Rolle. Diese bezieht sich nicht auf die Entstehung, sondern auf die Förderung derselben. In den einzelnen Experteninterviews wurde verschiedentlich angesprochen, dass bei den Mitarbeitern innerhalb der Schulen teilweise eine Ignoranz gegenüber der ungerechtfertigten Abwesenheit von Schülerinnen und Schülern beobachtet und somit versäumt worden ist, rechtzeitig Maßnahmen zu ergreifen:

Wenn da so ein Signal käme: Das Kind geht nicht zur Schule. ... Eine Information an die Eltern kommt zu spät, und sie erfahren erst dann: Da stimmt etwas nicht! Das Kind ist irgendwo unterwegs. ... Die Schule kriegt das ja als erstes mit (Int. 9/81, 11 ff.).

Insgesamt gesehen werden Eltern nicht selten zu spät über die Schulversäumnisse ihrer Tochter bzw. ihres Sohnes informiert.

Oftmals ist es ja so, dass die Kinder dann [wenn sie zunehmend dauerhaft abgängig werden, Anm. d. A.] schon ein halbes Jahr fehlen und nicht in einer Schule waren (Int. 7/60, 26 ff.).

Dieser Aspekt ist deswegen so entscheidend, weil Kinder und Jugendliche nicht über Nacht zum Trebegänger werden. Es ist ein mehr oder weniger langsamer Prozess, *denn das Problem [der Schulbummelei, Anm. d. A.] schleicht sich ein* (Int. 6/56, 39 ff.). Zudem bildet sich eine Veränderung beim Kind bzw. Jugendlichen meistens z. B. durch ein anderes Verhalten und Outfit, Fehlstunden sowie Verschlechterung der Schulleistungen ab. In der Regel wird seitens der Lehrerinnen und Lehrer nicht oder nur unzureichend darauf reagiert.

Schwierigkeiten im Hinblick auf unser Projekt [Reintegration von Schulverweigerern, Anm.d.A.] sehe ich in den Befindlichkeiten, denn bis jetzt war ... keine enge Zusammenarbeit zwischen Jugendamt und Schule vorhanden. Und die Schulen haben manchmal Angst, dass jetzt jemand kommt, der im Prinzip sagt: „Wir können das alles besser und ihr könnt das nicht" (Int. 6/57, 44 ff.).

Aber,

... ich denke, auch so in der letzten Zeit ist das spürbar, dass das [eine Zusammenarbeit, Anm. d. A.] immer besser wird. ... Wahrscheinlich liegt das auch daran, dass wir diese stadtteilorientierte Arbeit machen und man somit auch „seine" Schulen kennt. Die Schulleiter und einzelne Lehrer zu kennen und zu wissen, was zu erwarten ist (Int. 7/66, 26 ff.)

Ein Elternteil gab als Feedback: *Die Schule müsste mehr tun!* (Frb. 17/IV, 17). Das ist aber aus ganz objektiven Gründen zumindest gegenwärtig kaum zu erwarten, da ein Konglomerat an Problemen im Bildungswesen besteht.

Das Schulsystem müsste ein anderes werden. Aber da habe ich nicht die Antwort darauf. Da hat man wahrscheinlich zu viel [hier: in Sachsen-Anhalt, Anm. d. A.] experimentiert in den vergangenen Jahren (Int. 6/57, 34 ff.).

Darüber hinaus sind die Schwierigkeiten auf gesamtgesellschaftliche Ursachen, wie z. B. dem Zusammenhang zwischen einem permanenten Geburtenrückgang, sinkender Schülerzahlen, Schulschließungen und dem damit verbundenen Abbau bzw. Umsetzungen von Lehrpersonal sowie einem daraufhin schwindenden Engagement der pädagogischen Mitarbeiterinnen und Mitarbeiter, zurückzuführen.

Die ganze Situation in den Schulen, die, meines Erachtens, bedingt durch die Gesellschaft hervorgerufen wird, [führt, Anm. d. A.] zu einer Gleichgültigkeit ... der Pädagogen, die sagen: „Es ist nun mal heute so, und das muss man akzeptieren. Das muss man so hinnehmen. ... Das ist normal!" (Int. 8/71, 20 ff.).

Es gibt schon *engagierte Lehrer,* und man sollte *nicht alle pauschal abwerten* (Int. 7/66, 13), was natürlich zutreffend ist. Andererseits werden die Erwartungen der Eltern an die pädagogischen Mitarbeiter enttäuscht:

Ich habe wirklich geglaubt, zu Anfang, dass man [die Lehrerinnen und Lehrer, Anm. d. A.] die Konsequenzen, die aus ihrem Handeln [das der Tochter, Anm. d. A.] entstehen, aufzeigt, und zwar schnell, und auch noch entsprechend konsequent. ... Aber nichts ist passiert, weder schnell noch konsequent. ... Das müsste viel schneller gehen. ... Die Konsequenzen auf das Verhalten der Kinder. Das dauert viel zu lange, bis irgendeine Reaktion ... erfolgt (Int. 8/72, 7 ff.).

Ein Erklärungsansatz für diesen Mangel lautet bei einem Elternteil folgendermaßen:

Ich könnte es mir ja ganz einfach machen und sagen, dass es ihnen [dem Lehrpersonal, Anm. d. A.] egal ist. Aber ich glaube, so ist es nicht immer .... Da spielen viele Faktoren mit hinein. Teilweise die Unwissenheit der Lehrer. Und aus dieser Unwissenheit entsteht eine Angst, ... die Angst, sich noch mehr Probleme zu verschaffen, wenn man sich dem annimmt und versucht, dagegen etwas zu tun (Int. 8/71, 26 ff.).

Kompetenz ($n = 29$) und Verständnis ($n = 28$) sind von den Eltern im Rahmen des Fragebogens mit einer überwiegend schlechteren Bewertung versehen worden. Da insbesondere die Einschätzungen zum Sachverstand der Mitarbeiterinnen und Mitarbeiter insgesamt elf *mangelhafte* bzw. *ungenügende* Nennungen aufweist, ist die folgende Forderung berechtigt:

Dass die Pädagogen sehr viel mehr Kenntnis über diese Probleme erhalten [sollten, Anm. d. A.], vielleicht schon in ihrer Ausbildung. Ich denke mal, dass die Unkenntnis ein großes Problem ist [um den Eltern entsprechend zu begegnen und sie zu unterstützen, Anm. d. A.] (Int. 7/66, 7 ff.).

Die entgegengebrachte Wertschätzung wurde sowohl positiv ($n = 17$) als auch negativ ($n = 14$) wahrgenommen. Bei Benotung der Zusammenarbeit sind mehr schlechte ($n = 17$) als akzeptable ($n = 11$) Ergebnisse erkennbar. Nur fünf Elternteile ($n = 29$) haben die Kooperation mit den Lehrerinnen und Lehrern als *gut* und *sehr gut* eingeschätzt (Abb. 20).

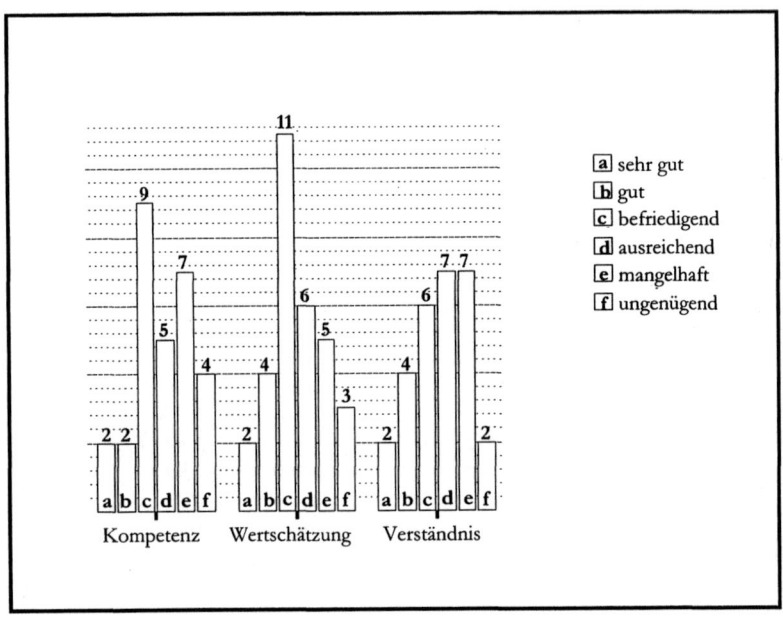

Abbildung 20. Erfahrungen mit der Schule

4.2.5. Kirchliche Einrichtungen

Zurückhaltend zeigte sich bisher das Engagement der Kirchen in der Bundesrepublik Deutschland angesichts der zunehmenden Zahl an Kindern und Jugendlichen, die auf der Straße leben. Vereinzelt gibt es kleinere sowie größere Projekte an der Basis. Und dementsprechend gestalten sich dann auch die Berührungspunkte zu den Eltern, denn

... über die Jugendlichen bekommen wir dann auch Kontakt zu den Eltern, allerdings jetzt in der letzten Zeit auch vermehrt durch die „Fernsehgeschichten" [Sendebeiträge im Fernsehen, Anm. d. A.]. Die [Eltern, Anm. d. A.] rufen dann hier an und bitten um Rat. ... Eltern spielen eine Rolle, aber nicht in der Art, dass wir sie hier offiziell aufnehmen hätten können, in unseren Arbeitsalltag. Sondern wenn das Problem anliegt, dann versuchen wir uns dem zuzuwenden und mit den Leuten dann auch zu arbeiten. ... Was wir haben oder hatten ... waren Elternrunden ... für betroffene Eltern. Das war eine Wahnsinnsentlastung für die Leute, sie regelrecht aus ihrer Isolierung zu holen und mit anderen in Kontakt zu bringen, die ähnliche Erfahrungen hatten. Das war ein ... Erlebnis für die Eltern und sehr, sehr hilfreich, wo sie sich

dann austauschen konnten. ... Die meisten [Mütter und Väter, Anm. d. A.], die hierher kommen ..., da ist schon eine gewisse Erwartungshaltung da: „Ich hab' schon alles probiert, und alles hat nicht geholfen. Ja, eigentlich kann ich nichts mehr verlieren. Nun lasse ich mich mal darauf ein" (Int. 4/37, 10 ff.).

Bei der folgenden Auswertung der Ergebnisse ist es nicht möglich, von einer erforderlichen Trennschärfe auszugehen, da der Begriff „Kirchliche Einrichtungen" ein weites Interpretationsfeld zulässt. Darunter fällt z. B. die Kirchgemeinde ebenso wie eine Beratungsstelle oder Jugendhilfeeinrichtung unter kirchlicher Trägerschaft. All diese reihen sich mit ihren jeweils spezifischen Angeboten in den gemeinnützigen Unterstützerkreis ein. Grundsätzlich können

... alle Einrichtungen und Institutionen ... Hilfestellung anbieten, weil die Infragestellung ja allseitig ist. Das fängt an von alltäglichen, wie soll ich sagen, Dingen, die bei den so genannten Straßenkindern eine Rolle spielen ..., von ganz normalen, mechanisch gestörten Abläufen bis hin zu tiefen Lebensfragen. Und insofern [sollte, Anm. d. A.] die Kirche, wer denn sonst, [Hilfestellung geben, Anm. d. A.]. Denn hier [bei der Trebegängerproblematik, Anm. d. A.] ... steht insgesamt das Leben zur Frage, zur Debatte; und da kann ich, da muss ich auf den allumfassenden Sinn ... reagieren. Also, Gott und die Welt und so weiter, und das alles, mit einbeziehen. Ich, als Gesprächspartner, muss das alles mit einbeziehen [in dieser Situation, Anm. d. A.] (Int. 4/44, 19 ff.).

Insgesamt gesehen fühlten sich Mütter und Väter hier überwiegend wertgeschätzt ($n = 17$) und angenommen ($n = 18$). Mehr als die Hälfte der Eltern ($n = 16$) erlebten bei den kirchlichen Mitarbeitern (Abb. 21) Kompetenz und signalisierten mit zwölf positiven Bewertungen überwiegend Zufriedenheit im Hinblick auf die Zusammenarbeit ($n = 18$).
Gemessen an der Stichprobe wurde verhältnismäßig selten Unterstützung bei kirchlichen Einrichtungen gesucht. Daraus ergibt sich die Fragestellung, ob dies einerseits ein Spiegelbild der *ent-kirchlich-ten* Gesellschaft ist und bzw. oder Gemeinden dieses Handlungsfeld, aus welchen Gründen auch immer, nicht bzw. selten zu ihrer Aufgabe machen. Letzteres wäre bedauerlich, da es ja nicht nur Auftrag der Kirche ist, sich den Menschen in Welt zuzuwenden, sondern die Christen den Bonus haben, Hoffnung zu vermitteln.

... dies Leben, das ist ja das Erstaunliche, hat so eine Kraft. Es gibt etwas Gutes, das ist so meine Grunderfahrung. Wenn ich keinen Ausweg mehr sehe, hab' ich so gelernt, gut, vom Pfarrer sollte man es so erwarten. Aber bei mir hat es etwas lange gedauert, bis ich mitbekommen habe: „Ich weiß auch nicht mehr, und manchmal weiß ich auch nicht weiter!" Dann breche ich nicht in Depressionen ..., nicht in totale Hoffnungslosigkeit aus. Ich habe so erfahren: Das alles hat irgendwo, ich will nicht sagen, Sinn, das ist mir zu glatt. Aber es kommt etwas. Das ist manchmal anders, als ich es mir wünsche, aber dann im Nachhinein bekomme ich mit: „Na, das war gut so!" Das ist so eine alte Gottesgeschichte mit dem Mose – im Nachhinein konnte er sehen. Und ich denke, alles dreht sich um Glauben. Das Schlimme ist bei uns, dass wir so ein wesentliches

Motiv unseres Menschseins, den Glauben oder die Religion oder wie man es bezeichnen mag, hier aus unserer „komischen" Welt so ausgeschieden haben und jetzt schwer dafür büßen müssen. Ich denke, dass dieses Leben mehr ist, als ich erfassen kann. Ich kann auch Gott sagen anstelle Leben. Dass ich auf ein Ziel hinlaufe. Und ich brauche Gelassenheit und Geborgenheit. Und wenn mein Kind ist wie es ist, dann ist das so. Dieses anzuerkennen, dieses Geheimnis des anderen, des Gegenübers, dass ich in der Lage dazu bin. Und das wünsche ich so den Eltern: Kraft zu haben in den Kleinigkeiten und Kleinlichkeiten ..., dass ich mich selber auf das Leben einlassen kann. Es ist doch mein Leben, und es hat überraschende Parts. Es wäre ja schlimm, und das ist ja das Dilemma, wogegen sich diese Jugendlichen so wehren, instinktiv wehren, dieses: „Ich weiß jetzt schon, was ich in siebzig Jahren Montag um neun Uhr dreißig mache – das ist alles schon vorprogrammiert durch irgendwelche Bürokraten ..." Leben kann ein Augenblick sein. Und da ist alles drin enthalten. Und sind es zwei Augenblicke, dann sage ich auch nicht: „Nein" (Int. 4/47, 42 ff.).

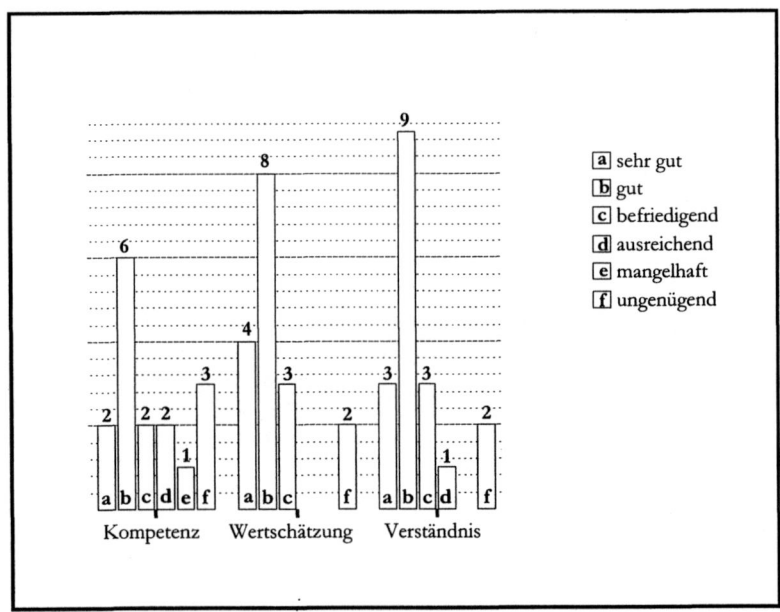

Abbildung 21. Erfahrungen mit kirchlichen Einrichtungen

4.2.6. Beratungsstellen
4.2.6.1. Aus Sicht der Experten

Im Folgenden werden hauptsächlich die Impulse aus den Interviews mit den Gesprächspartnerinnen einer Drogenberatungsstelle und dem entsprechenden Selbsthilfebereich ins Blickfeld gerückt. Die Ergebnisse der quantitativen Studie sind, wie bereits erwähnt, ebenfalls durch diesen Hintergrund überzeichnet. Mit Hilfe der Betrachtung aller Expertenaussagen wird versucht, eine themenbezogene Ausgewogenheit herzustellen. Im Zusammenhang mit der Suche nach Gesprächspartnern ist festgestellt worden, dass das Thema „Trebegänger und ihre Eltern" in den befragten bzw. kontaktierten Familienberatungsstellen keine Rolle spielt. Daraus könnte die Vermutung abgeleitet werden, dass sich Eltern dort in dieser Situation keinerlei Unterstützung suchen. Von daher ist der Gedanke, *dass Beratungsstellen ... eher angenommen werden* als andere Institutionen (Int. 9/81, 18), möglicherweise nicht unbedingt zutreffend. Es wurde beobachtet, dass

... wenn die Eltern einmal hier [im Jugendamt, Anm. d. A.] sind, dann auch weiter hier beraten werden möchten. Da entsteht ja diese Vertrauensbasis, und ich kann den Eltern die Empfehlung mitgeben, dass dort [in der Familienberatungsstelle, Anm. d. A.] auch eine Beratung möglich ist, aber ... die [Eltern, Anm. d. A.] kommen dann wieder hierher. ... Ich denke, dass Eltern auch immer wieder dahin gehen wollen, wo sie ihr Problem zuerst dargelegt haben, denn es ist unheimlich schwer, es wieder einer fremden Person übermitteln zu müssen .... Das ist ja für die Eltern so ein Stück Bloßstellung (Int. 7/63, 34 ff.).

Unbedingte Voraussetzung für das Entstehen einer derartigen Beziehung im Beratungsprozess ist natürlich, dass sich Mütter und Väter gut unterstützt fühlen. Ob es sich um fähige Ansprechpartner handelt,

... das müssen dann die Eltern selber herausfinden. Also, es gibt [im Umfeld des Gesprächspartners, Anm. d. A.] schon ein paar Leute, die da Einblick haben in diese Problematik, und die [ihre Kenntnisse, Anm. d. A.] auch übertragen können. Vielleicht nicht so ganz speziell, wenn ein Kind abhaut, aber wenn es darum geht, die Kommunikationsprozesse zu analysieren. Das ist eine Sache, die sollte jeder drauf haben ... in einer Familienberatungsstelle. Mit einigen haben wir da gute Erfahrungen gemacht. Aber ich könnte mir auch vorstellen, dass manche mit dem Thema überfordert sind (Int. 11/94, 49 ff.).

Manchmal hat man es, nicht nur bei Wegläufern, auch so, dass die Eltern sagen: „Wir waren da und da." Und man sagt: „Um Gottes Willen, was haben die [betreffenden Mitarbeiter in dieser Einrichtung, Anm. d. A.] jetzt gemacht?" Die Eltern suchen, und wirkliche Hilfe gab es noch nicht (Int. 9/82, 19 ff.).

Da sich *der Staat ... aus allen Sachen* zurückzieht (Int. 2/21, 35 f.), ist in den Interviews immer wieder der Selbsthilfebereich angesprochen worden.

Betroffene Eltern müssen lernen, mit dieser Situation umzugehen. Ändern können sie oftmals nichts. ... [Sie müssen, Anm. d. A.] damit klarkommen. Und diese Hilfe können wir nicht geben. Die können wirklich bloß unter andere Betroffene gehen und da untereinander einen Erfahrungsaustausch machen (Int. 2/22, 19 ff.).

Selbsthilfegruppen auf dem Gebiet ..., das ist das, was den Eltern am besten hilft. Dass man ... den Abstand lernt ..., um selber weiterleben zu können (Int. 5/50, 44 ff.).

Die Vorteile der Selbsthilfe sind klar definiert. Durch eine intensive Aussprache über die persönliche Betroffenheit innerhalb dieses klar umrissenen Problems sowie einer Auseinandersetzung mit den aufkommenden Gefühlen können sich Mütter und Väter in dieser Situation gegenseitig unterstützen.

Es gibt Eltern, die sind sehr zufrieden, dass sie sich austauschen können. Dass sie überhaupt einmal über das Problem sprechen können. Sie können das ja nicht, weiß ich, immer im Freundeskreis ansprechen oder bei unbelasteten anderen Familien ansprechen. Sondern, dass sie alles, angefangen vom Gefängnis bis zur Prostitution bis zu Suchtthemen, dort ansprechen können. Das erwarten sie auch. Einige sind da nicht zufrieden, wenn sie ... ihr Rezept nicht bekommen. Und die bleiben dann auch weg. Aber wer wirklich mit sich weiterkommen will, die kommen auch weiter in den Elternkreis. Aber es erfordert doch sehr viel Geduld, mit sich selber auch (Int. 3/33, 29 ff.).

Es ist wichtig, dass sich Eltern im Verlauf gestatten, dass es ihnen sowie den Geschwisterkindern auch *unter diesen Umständen gut gehen darf* und sollte (Int. 7/67, 3 f.). Anzumerken ist an dieser Stelle, dass ein Unterschied hinsichtlich des Vorhandenseins von spezifischen Selbsthilfegruppen in Ost- und Westdeutschland zu beobachten ist (siehe dazu: Arenz-Greiving, 2003). Ursachen dafür, weshalb sich Eltern von „Trebegängerinnen und Trebegängern" zumindest in Großstädten nicht zusammenschließen, könnten in einer Anschlussstudie näher untersucht werden.

4.2.6.2. Aus Sicht der Eltern

Geht man davon aus, dass die Bewertung der Beratungsstellen (Abb. 22) im Wesentlichen die Drogenberatungsstellen betrifft, lehnt sich das folgende Ergebnis an die Projektstudie des BVEK e. V. an (vgl. Arenz-Greiving, 2003). Dort antworteten 77 % der Befragten, dass sie sich in ihrem Hilfeersuchen von diesen Mitarbeiterinnen und Mitarbeitern ernst genommen fühlten ($n = 769$). Im Rahmen der hier behandelten Untersuchung wurden die Beratungsstellen im Verhältnis zu allen anderen Institutionen sowie Einrichtungen im Hinblick auf Kompetenz ($n = 32$), Wertschätzung ($n = 29$) und Verständnis ($n = 26$) am Besten benotet. Zudem fanden drei von vier Elternteilen die Zusammenarbeit mit der Beratungsstelle *sehr gut* bis *gut* ($n = 26$). Abweichungen in den negativen Bereich traten nur vereinzelt auf. Die Teilnahme an dieser Pilotstudie erfolgte von einem nicht geringen Teil Müttern und Vätern, die dem niedersächsischen Landesverband der Elternkreise drogengefährdeter und drogenabhängiger Jugendlicher e. V. angeschlossen sind. Mit aller Wahrscheinlichkeit steht die Drogenproblematik des eigenen Kindes mit seinen Begleiterscheinungen und die elterliche Betroffenheit bei den Treffen im Vordergrund. Die jeweiligen Gruppen werden einerseits von Müttern und Vätern in

Eigeninitiative gestaltet. Andererseits gehören diese zum Angebot der verschiedenen Drogenberatungsstellen und werden von professionellen Selbsthilfegruppenunterstützern angeleitet bzw. begleitet.

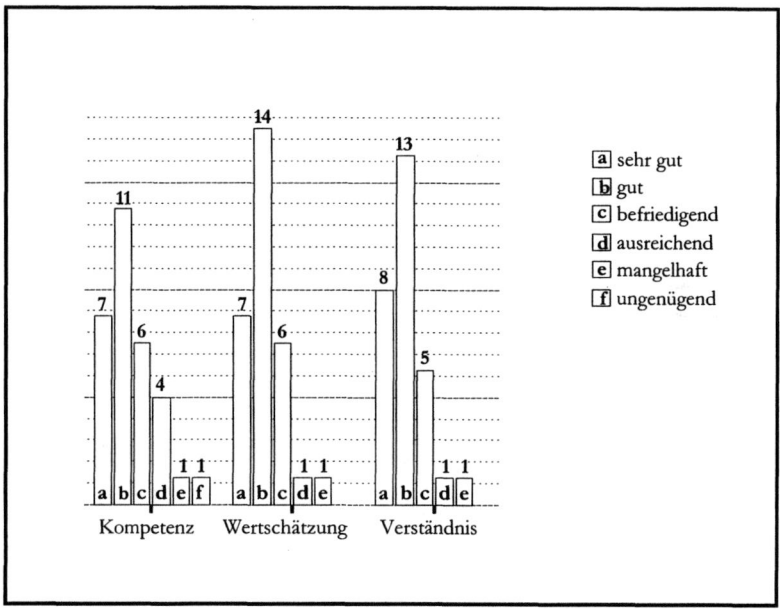

Abbildung 22. Erfahrungen mit Beratungsstellen

Viele Eltern haben anklingen lassen, dass insbesondere die Selbsthilfegruppe zu einer wichtigen Ressource geworden ist. Das *Reden mit Menschen, die in etwa das gleiche Problem hatten* (Frb. 12/IV, 16), *die Geborgenheit dort* (Frb. 15/IV, 16) und *das Gefühl, nicht allein zu sein* (Frb. 34/IV, 16), half den Müttern und Vätern, ihre *Situation besser bewältigen zu können* (Frb. 26/IV, 16). Durch den regelmäßigen *Kontakt zur Selbsthilfegruppe* ist es zum Beispiel einem Elternteil gelungen, *wieder am Leben teilzunehmen* (Frb. 16/IV, 16).
Lediglich eine Mutter gab im Rahmen des Fragebogens an, eine Selbsthilfegruppe zum Thema *Eltern von Straßenkindern oder die es werden könnten* besucht zu haben. Die Treffen hatte sie selbst ins Leben gerufen und geleitet. Inzwischen gibt es diese und eine weitere Gruppe dieser Art nicht mehr.
Ob Familienberatungsstellen in der Lage sind, betroffene Eltern in dieser Situation zu begleiten, ist nicht erwähnt worden. Allerdings kam ein anderes Problem zur Sprache:

... wenn ich dort nach einem Termin frage, gerade, wenn ich berufstätig bin, dann kriege ich einen in zwei, drei Monaten. Das ist meines Erachtens nach zu spät, denn ich müsste ... nächste

Woche einen haben. Und wenn es erst einmal ein Gesprächstermin wäre! Also, der Zeitmangel. Aber das ist, wie gesagt, nur meine Erfahrung .... Und die [Familienberatungsstellen, Anm. d. A.] sind ... vollkommen unterbesetzt und für den Bedarf, der eigentlich da ist, nicht ausgelegt (Int. 8/70, 43 ff.).

4.2.7. Rechtsanwältin oder Rechtsanwalt

In diesem Bereich ist kein fachspezifisches Experteninterview durchgeführt worden. Auf die Frage, ob verzweifelte Eltern ihr Personensorgerecht zur Debatte stellen, hat die Familienrichterin geantwortet:

In seltenen Fällen kommt das auch vor. Und dann wäre ja die Situation durch das Jugendamt begleitet. ... Also, ich habe es selber noch nicht so erlebt. Zumindest nicht in dem Zusammenhang [bei Eltern von Trebegängerinnen und Trebegängern, Anm. d. A.]. (Int. 5/53, 29 ff.).

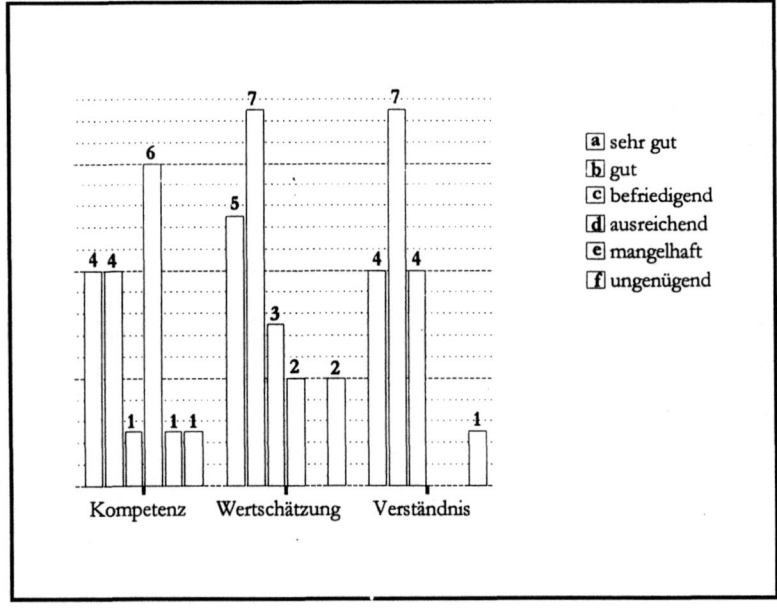

Abbildung 23. Erfahrungen mit Rechtsanwälten

Die Fragestellung nach einer Bewertung der Unterstützung seitens einer Rechtsanwältin bzw. eines Rechtsanwaltes hatte von daher eine Relevanz, da sich immer wieder gezeigt hat, dass das Leben auf der Straße unabdingbar zu strafbaren Handlungen der Mädchen und Jungen führt. Diese Tatsache ist bereits im Zusammenhang mit den befragten Experten der Exekutive angeführt worden. Die Eltern sind bis zur Volljährigkeit des Kindes dessen gesetzlicher Vertreter. Auch darüber hinaus, setzen sie sich in der Regel für ihre straffällig gewordene Tochter bzw. den Sohn ein. Mitunter führt ein Haftbefehl, *der bei Rückkehr ins Elternhaus ausgesetzt werden konnte*, zum Abbruch einer Straßenkarriere (Frb. 22/I, 17). Eine weiterführende Deutung der Inanspruchnahme von Rechtsbeistand seitens der Eltern wird nicht vorgenommen, da Eltern im Rahmen dieser Studie keinerlei bedeutsame Angaben dazu gemacht haben.

Nicht unerwähnt soll an dieser Stelle die Rolle der Jugendgerichtshilfe bleiben, die auf der Grundlage des Kinder- und Jugendhilfegesetzes (KJHG) und Jugendgerichtsgesetzes (JGG) arbeitet und den Jugendlichen z. B. bei juristischen Anliegen vertritt. Zudem werden von dieser Seite auch Hilfestellungen gegeben, um Straßenkarrieren zu beenden.

Jeder zweite Elternteil hat diesen Fachbereich benotet. Es fällt auf, dass überwiegend positive Bewertungen im Hinblick auf Wertschätzung ($n = 19$) sowie Verständnis ($n = 17$) abgegeben worden sind. Das Verhältnis zwischen besseren und weniger guten Einschätzungen ist bei der Kompetenz ($n = 16$) sehr ausgewogen. Mit der Zusammenarbeit ($n = 16$) waren die Eltern größtenteils zufrieden, denn die Nennungen bewegen sich fast ausschließlich bei *befriedigend* und *gut* (Abb. 23).

5. Zusammenfassende Betrachtungen zur vorliegenden Untersuchung

Im Verlauf der vorliegenden Arbeit wurde zunächst begrenzt auf die vorhandenen Veröffentlichungen eingegangen, um sich einführend dem Forschungsanliegen zu nähern. Die zur Verfügung stehende Literatur bezieht sich im Wesentlichen auf die so genannten *Kinder und Jugendlichen in besonderen Problemlagen* (vgl. u. a. Institut für Soziale Arbeit e. V., 1996; Rohman, 2000) und äußerst selten auf eine Thematisierung der Situation von Eltern sowie deren Erleben (vgl. Leitner, 1998; Edler und Miosga, 2001; Seidel, 2002; Arenz-Greiving, 2003).

Um den Verlauf der Forschung transparent zu machen, sind nach dieser einführenden Betrachtung die Methoden und Vorgehensweisen der empirischen Studie aufgezeigt worden. Im Hauptteil kam es in zwei ausführlichen, aber voneinander getrennten Abschnitten zu einer Darstellung der Resultate dieser Pilotstudie. Diese bezogen sich zum einen auf die Verdeutlichung der Situation von Müttern und Vätern. Experteninterviews unterlegten diese Angaben und leisteten zum anderen einen erheblichen Anteil, um die Erfahrungen der Eltern mit Institutionen sowie Einrichtungen zu erhellen. In einer zusammenfassenden Betrachtung werden nunmehr maßgebliche Resultate dieser Studie gebündelt und nachfolgend im Schlusswort in einem begrenzten Rahmen diskutiert.

5.1. Extrakt

Im Folgenden kommt es zu einer Zusammenfassung der inhaltlichen Aspekte zum Projekt *Verlassene Eltern – Wenn das eigene Kind zum Trebegänger geworden ist*:

1. Bei dieser Untersuchung handelte es sich um eine bundesweit erstmalig durchgeführte Befragung, die unter der Schirmherrschaft des Instituts für Integrierte Kinder-, Jugend- und Erwachsenenarbeit der Theologischen Hochschule Friedensau/Sachsen-Anhalt stand.
Die *erste Phase* der Durchführung von Januar 2004 bis November 2004 beinhaltete hauptsächlich die Entwicklung sowie Erarbeitung des Fragebogens und Öffentlichkeitsarbeit, um u. a. auf die Studie aufmerksam zu machen und Eltern für eine Teilnahme zu gewinnen. In der *zweiten Phase* wurden die Bemühungen um eine Unterstützung des Projektes seitens verschiedener Institutionen sowie Einrichtungen und die Werbung für dieses Projekt verstärkt. Bis zum 11. April 2005 erfolgte die statistische Datenerhebung. Im Verlauf des Forschungsprozesses kam es Ende Januar 2005 zu der Entscheidung, die Studie durch ein qualitatives Verfahren zu ergänzen. Dieses Vorhaben ist nach einer Vorbereitungsphase im Rahmen der *dritten Phase* bis zum Ende des I. Quartals 2005 umgesetzt worden (siehe Punkt 6).

2. Ausgangspunkt der Untersuchung war die Beobachtung, dass es Mädchen und Jungen gibt, die ihre Familie verlassen und sich Eltern sehr um deren Rückkehr be-

mühen. Diese Situation kann, insgesamt gesehen, als ein *nicht normatives Geschehen* verstanden werden.

3. *Ziel* der quantitativen Studie war die *Verdeutlichung der physischen, psychischen und psychosozialen Vorgänge* sowie *Auswirkungen* bei Müttern und Vätern im Rahmen der Tatsache, dass das eigene Kind nicht zu Hause leben will, damit daraus sozialpädagogische sowie therapeutische *Beratungsansätze* abgeleitet werden können.

4. *Zielgruppe* dieser Untersuchung waren Eltern, deren Kinder *mehrfach* bzw. *dauerhaft* nicht in der Herkunftsfamilie leben oder gelebt haben und faktisch obdachlos sind oder waren. An der Fragebogenaktion beteiligten sich 35 Mütter und Väter auf dem Postweg und vier Einzelpersonen im Internet. Es haben mehr als doppelt so viele weibliche Teilnehmer anonym Auskunft gegeben. 34 Elternteile berichteten retrospektiv über die Situation.

5. Der *Fragebogen* setzte sich aus drei Themenkomplexen zusammen und beinhaltete sowohl offene als auch geschlossene Fragestellungen. Von daher hatte diese Untersuchung überwiegend einen qualitativ explorativen Charakter.
Im Rahmen des *ersten Abschnitts* des Fragebogens wurden Angaben zur Person und Familiensituation erfragt. Der Altersdurchschnitt lag bei 50,4 Jahren. Alle Eltern hatten einen Bildungsabschluss und 66,7 % von ihnen üben eine Erwerbstätigkeit aus. Den Familienstand „verheiratet" gaben 28 Elternteile an.
Das betroffene Kind stammte vornehmlich aus der gegenwärtigen Partnerschaft, wobei sich das Geschlechterverhältnis im Hinblick auf die Abgängigkeit ausgewogen verteilte.
Die Intention des *zweiten Fragenkomplexes* lag zum einen auf einer Erfassung der in dieser Situation aufgesuchten Einrichtungen sowie Institutionen. Mütter und Väter nahmen hauptsächlich zur Polizei, zur Schule und zum Jugendamt Kontakt auf. Vier Items eröffneten den Eltern die Möglichkeit, eine Bewertung von Kompetenz, Akzeptanz, Empathie der Mitarbeiterinnen und Mitarbeiter sowie der erfolgten Zusammenarbeit mit den einzelnen Fachbereichen vorzunehmen. Die Ergebnisse spiegelten wider, dass die Erwartungen der Mütter sowie Väter hauptsächlich an das Jugendamt und die Schule höher liegen.
Der Vermutung, dass eine derartige Situation umfassende Auswirkungen auf die Befindlichkeit von Eltern haben könnte und zu einer Veränderung des Lebensalltags führt, bildet die Grundlage für den *dritten Teil* des Fragebogens. Mit der überwiegenden Verwendung von offenen Fragestellungen wurde die Absicht verfolgt, dass Eltern ihre Angaben selbst formulieren, um zu erfahren, was sich für die Elternteile im Verlauf der Problematik konkret verändert hat. Sowohl im psychosomatischen als auch psychosozialen Bereich bildeten sich Auffälligkeiten ab, wobei Mütter offensichtlich stärker betroffen sind. Es kann davon ausgegangen werden, dass die Lebensqualität der Eltern und auch die der Geschwisterkinder durch die Situation deutlich abnimmt.

Wichtig erschien der Aspekt, etwas über die Ressourcen der Eltern in dieser schwierige Lebenssituation zu erfahren. Es hat sich gezeigt, dass Mütter und Väter einen hohen Kommunikationsbedarf haben und ihnen Aktivitäten dienen, die dem entgegenwirken, mit dem Problem allein gelassen oder isoliert zu werden.

6. Ein wesentlicher Grund zur Veränderung der Forschungsstrategie und die damit verbundene Durchführung von elf *Experteninterviews* war einerseits die Tatsache des unerwartet geringen Rücklaufs an Fragebögen und dem damit verbundenen Mangels an auswertbarem Datenmaterial. Andererseits wurde befürchtet, dass die Resultate des zweiten Fragenkomplexes einer stark subjektiven Komponente unterliegen könnten. Es hatte sich die Vermutung aufgedrängt, dass es auf Grund der Verknüpfung dieser stark emotional belasteten Situation für Eltern und deren damit verbundenen hohen Erwartungen an die verschiedenen Institutionen sowie Einrichtungen zu einer einseitigen Verzerrung der Ergebnisse kommen könnte.

7. Die vorliegenden Aussagen dieser Pilotstudie sind als Einstieg in ein bisher wenig beachtetes Thema zu verstehen. Nicht alle Aspekte des zusammengetragenen Materials sind umfassend aufgegriffen worden, denn dies wäre weit über den geplanten Rahmen hinausgegangen. Eine Fortsetzung des Projektes bietet sich an, da sich aus den Ergebnissen der vorliegenden Untersuchungen neue Fragestellungen ergeben haben.

5.2. Schlusswort

Anhand der sowohl in den Kontext der einführenden Bemerkungen zum Problemkreis einbezogenen als auch der in dem dortigen Abriss nicht berücksichtigten Literatur, hat sich gezeigt, dass dem Ergehen der auf der „Straße lebenden" Kinder, Jugendlichen sowie jungen Erwachsenen viel Aufmerksamkeit geschenkt wird. Bereits über Jahre findet eine Auseinandersetzung mit der Frage statt, wie vor allem die Jugendhilfe diesem Phänomen am wirksamsten begegnen könnte. In der aktuellen sozialpolitischen Diskussion werden eine stärkere Vernetzung und Kooperation zwischen den begleitenden Institutionen wie zum Beispiel Jugendhilfe, Schule und Polizei gefordert (vgl. BfFSFJ/Hansbauer, 2000). Im Hinblick auf Lösungsmöglichkeiten dieses schwierigen Problems fallen die Art sowie die verkürzten Inhalte der Auseinandersetzung auf. Es wird deutlich, dass die Eltern unzureichend oder gar nicht in die Überlegungen der Interventionsansätze einbezogen werden. Von daher stellt sich der Diskurs über das Thema „Kinder und Jugendliche in besonderen Problemlagen" m. E. einseitig und damit zum Teil widersprüchlich dar. An dieser Stelle soll kritisiert werden, dass sich bisher von sozialwissenschaftlicher Seite noch nicht um die Entwicklung von Konzepten bemüht worden ist, die aktive Eltern in den Problemlösungsprozess einbinden. Es scheint, dass die Ursachenforschung zwar zur Erhellung des Phänomens beigetragen, aber auch zur Verengung des Blickwinkels hinsichtlich von Interventionskonzepten geführt hat und vor

allem gegenüber der Herkunftsfamilie in Schuldzuschreibungen stecken geblieben ist.
In allen sozialen Schichten sind inzwischen Eltern zu finden, die davon betroffen sind, dass ihr Kind auf der Straße lebt. Die Ergebnisse der Studie bedienen nicht das überwiegend vorhandene Klischee einer offensichtlich problembeladenen Familiensituation. Vor allem das mehrheitliche Engagement von Müttern und Vätern in einer der Selbsthilfegruppen des BVEK e.V. sowie die Teilnahme an der vorliegenden Untersuchung lassen darauf schließen, dass ein Interesse seitens der Eltern am Ergehen ihres Kindes vorhanden ist. Zudem bildete sich bei den befragten Müttern und Vätern die Bereitschaft ab, sich für die Rückkehr des Kindes in die Familie einzusetzen. Abgängigkeit ist demnach nicht vorrangig und immer zunächst ein Problem der Hilfe für das Kind bzw. den Jugendlichen, sondern das der Eltern, die in ihrem Erziehungsauftrag unterstützt werden möchten.
Die gesellschaftlichen Veränderungen der Gegenwart haben auch vor der Institution „Familie" nicht halt gemacht. Gedacht als kleinste Zelle, dient sie dem Wohl der Gesellschaft und gibt Sicherheit sowie Geborgenheit für den Einzelnen. Allerdings ist zu beobachten, dass „Familie" an sich in Deutschland zunehmend eine untergeordnete Rolle spielt und ihren Mittelpunkt verloren hat. „Der ‚besondere Schutz', den Artikel sechs unseres Grundgesetzes der Familie garantiert, ist von der Politik nie umgesetzt worden", schreibt Hahne (2004, S. 42). Von daher stellen sich der momentane Anspruch der Gesellschaft an Funktionalität einerseits und die Stärkung von Elternschaft andererseits weitestgehend als zwei Gegensätze dar.
Die Studie hat gezeigt, dass Eltern in ihrer Situation mit großen Hoffnungen an die Einrichtungen sowie Institutionen herantreten und um Unterstützung bitten. Das Thema „Erwartungen der Mütter und Väter" ist im Rahmen der Betrachtungen angesprochen worden und hat sich dabei als ganz eigene Fragestellung herauskristallisiert. Im Rahmen dieser Untersuchung wurde diese Haltung der Eltern als „überhöht" eingeschätzt. Allerdings bleibt offen, an welchen Maßstäben sich diese Bewertung festmacht.
Für eine Fortsetzungsstudie bietet sich an, einerseits die Erwartungen von Eltern an die unterschiedlichen Unterstützersysteme und andererseits bisherige Verfahrensweisen der verschiedenen Institutionen aufzuzeigen, um einen Leitfaden zur Begleitung betroffener Familien zu entwickeln.
Es hat sich im Anschluss an die vorliegenden Ergebnisse die Frage ergeben, ob Mütter und Väter ausschließlich unter dem Problem leiden, dass ihr Kind „auf Trebe" ist und bzw. oder betroffene Eltern auch an der Tatsache zu tragen haben, in ihrem Hilfeersuchen von einigen, möglicherweise entscheidenden Institutionen überwiegend allein gelassen zu werden.
Im Vorfeld der Studie stand die Vermutung, dass eine derartige Situation umfassende Auswirkungen auf die Befindlichkeit der Eltern hat. Diese Überlegung bestätigte sich in aller Deutlichkeit. Vor allem bei Müttern kommt es zu psychosomatischen Beeinträchtigungen, die zu einer wesentlichen Verschlechterung der Lebensqualität führen.

Durch die Ergebnisse im psychosozialen Bereich wurden die Veränderungen im Rahmen der Partnerschaft konkretisiert. Als ein weiteres wichtiges Thema hat sich das Ergehen der Geschwisterkinder abgebildet, die in dieser Situation ebenfalls Leidtragende sind. Dem wird aus verschiedenen Gründen unzureichend Beachtung geschenkt. Vor allem die zuletzt genannten Aspekte verlangen in der Begleitung betroffener Familien eine besondere Aufmerksamkeit, da diese unter einer besonderen Belastung stehen und von daher auch als solche gefährdet sind.

Es ist festgestellt worden, dass die einzelnen Institutionen fest umschriebene Aufgabenbereiche bedienen. Momentan besteht das Problem einer Vernetzung der einzelnen Bereiche und Einrichtungen. Schritte in dieser Richtung würde es nicht nur den Mitarbeiterinnen und Mitarbeitern erleichtern, das Problem betroffener Familien interdisziplinär anzugehen, sondern auch den Eltern das Gefühl einer gemeinsamen Zielrichtung und Zusammenarbeit geben.

Zudem ist Bedarf angemeldet worden, das Thema *Trebegängerinnen und Trebegänger sowie deren Eltern* in der Öffentlichkeit vermehrt anzusprechen. Es scheint, dass Mütter und Väter unsicher sind, „wann" und „wo" sie Unterstützung in Anspruch nehmen können, wenn Probleme auftreten. Sofern dazu verholfen werden kann, Hemmschwellen und Informationsdefizite abzubauen, trägt dies unter Umständen bereits zur Enttabuisierung, Prävention bzw. Lösung des Problems bei. Darüber hinaus würden sich familienorientierte gesellschaftliche Veränderungen, darunter fällt auch eine Neuformulierung von allgemeinen Normen und Werten, positiv auswirken.

Mit der Pilotstudie *Verlassene Eltern – Wenn das eigene Kind zum Trebegänger geworden ist* wurde das Ziel verfolgt, Impulse zu setzen und möglicherweise einen Paradigmenwechsel hinsichtlich der Wahrnehmung sowie anschließenden Vorgehensweise in Gang zu setzen. Für Eltern wird eine derartige Situation immer eine Herausforderung bleiben, und sie sind auf Hilfe angewiesen, um ihrem Kind immer wieder signalisieren zu können: *Du gehörst zu uns!*

Heimkehr

Ich bin zurückgekehrt,
ich habe den Flur durchschritten und blicke mich um.
Es ist meines Vaters alter Hof. Die Pfütze in der Mitte.
Altes, unbrauchbares Gerät, ineinander verfahren,
verstellt den Weg zur Bodentreppe.
Die Katze lauert auf dem Geländer.
Ein zerrissenes Tuch, einmal im Spiel um eine Stange gewunden,
hebt sich im Wind.
Ich bin angekommen.
Wer wird mich empfangen? Wer wartet hinter der Tür der Küche?

Rauch kommt aus dem Schornstein, der Kaffee zum Abendessen wird gekocht.
Ist dir heimlich, fühlst du dich zu Hause?
Ich weiß es nicht, ich bin sehr unsicher.
Meines Vaters Haus ist es, aber kalt steht Stück neben Stück,
als wäre jedes mit seinen eigenen Angelegenheiten beschäftigt,
die ich teils vergessen habe, teils niemals kannte.
Was kann ich ihnen nützen, was bin ich ihnen und sei ich auch des Vaters,
des alten Landwirts Sohn.
Und ich wage nicht, an der Küchentür zu klopfen,
nur von der Ferne horche ich, nur von der Ferne horche ich stehend,
nicht so, dass ich als Horcher überrascht werden könnte.
Und weil ich von der Ferne horche, erhorche ich nichts,
nur einen leichten Uhrenschlag höre ich
oder glaube ihn vielleicht nur zu hören, herüber aus den Kindertagen.
Was sonst in der Küche geschieht, ist das Geheimnis der dort Sitzenden,
das sie vor mir wahren.

Je länger man vor der Tür zögert, desto fremder wird man.

Wie wäre es, wenn jetzt jemand die Tür öffnete und mich etwas fragte.
Wäre ich dann nicht selbst wie einer, der sein Geheimnis wahren will!

Franz Kafka

Quellenverzeichnis

ARENZ-GREIVING, INGRID: *Entwicklung zeitgemäßer Eltern – Selbsthilfe/Abschlussbericht.* Unveröffentlichtes Manuskript. Eine vom Bundesministerium für Gesundheit und Soziale Sicherung finanzierte Studie des Bundesverbandes der Elternkreise drogengefährdeter und drogenabhängiger Jugendlicher e.V., c/o Trialog. Beratung von Organisationen, Gruppen & Teams, Im Derdel 49, Münster 2003

ATTESLANDER, PETER: *Methoden der empirischen Sozialforschung.* Berlin: Walter de Gruyter & Co. 1992

BÄSE, UTA: *Verlassene Eltern – Wenn das eigene Kind zum Trebegänger geworden ist.* Unveröffentlichte Hauptseminararbeit im Hauptfach Soziale Verhaltenswissenschaften – Fachbereich Christliches Sozialwesen der Theologischen Hochschule Friedensau 2003

BÄSE, UTA: *Verlassene Eltern – Wenn das eigene Kind zum Trebegänger geworden ist. Ergebnisse einer anonymen Fragebogenaktion.* Quantitatives Verfahren. Institut für Integrierte Kinder, Jugend- und Erwachsenenforschung der Theologischen Hochschule Friedensau 2005

BÄSE, UTA: *Verlassene Eltern – Wenn das eigene Kind zum Trebegänger geworden ist. Ergebnisse einer ExpertInnenbefragung.* Qualitatives Verfahren. Institut für Integrierte Kinder, Jugend- und Erwachsenenforschung der Theologischen Hochschule Friedensau 2005

BODENMÜLLER, MARTINA: *Auf der Straße leben – Mädchen und junge Frauen ohne Wohnung.* Münster 1995

BOGNER, ALEXANDER; LITTIG, BEATE; MENZ, WOLFGANG (HRSG.): *Das Experteninterview – Theorie, Methode, Anwendung.* Opladen: Leske und Budrich 2002

BOHNSACK, RALF; MAROTZKI, WINFRIED; MEUSER, MICHAEL (HRSG.): *Hauptbegriffe Qualitativer Sozialforschung – Ein Wörterbuch.* Opladen: Leske und Budrich 2003

BORTZ, JÜRGEN: *Statistik für Human- und Sozialwissenschaftler.* Heidelberg: Springer Medizin Verlag 2005

BRITTEN, UWE: *Abgehauen – Wie Deutschlands Straßenkinder leben.* Bamberg: Palette-Verlag 1995

BRITTEN, UWE: *Straßenkinder in Deutschland: Kein Vertrauen in Erwachsene. Pendler, Wegläufer und Straßenkinder in Deutschland.* Aufsatz. URL: http://www.tdh.de/content/themen/schwerpunkte/strassenkinder/Deutschland.htm (am 28. April 2005, 13.46 Uhr)

BUCHHOLZ, SARAH: *„Suchen tut mich keiner" – Obdachlose Jugendliche in der individualisierten Gesellschaft.* Münster: Lit Verlag 1998

BUNDESMINISTERIUM FÜR FAMILIE, SENIOREN, FRAUEN UND JUGEND (BFFSFJ), HANSBAUER, PETER – Institut für soziale Arbeit e.V. (Hrsg.): *Entwicklung und Chancen junger Menschen in sozialen Brennpunkten – „Straßenkarrieren" im Schnittpunkt von Jugendhilfe, Schule und Polizei. Analysen und Modelle.* Münster: Votum Verlag GmbH sowie Fulda: Fuldaer Verlagsagentur 2000

BÜHL, ACHIM, UND ZÖFEL, PETER: *SPSS 11 – Einführung in die moderne Datenanalyse unter Windows.* Pearson Studium. München: Pearson Education Deutschland GmbH. 8., überarbeitete und erweiterte Auflage 2002

DEUTSCHES JUGENDINSTITUT MÜNCHEN: *DJI – Projekt: Freiheitsentziehende Maßnahmen.*
URL:http://cgi.dji.de/cgi-bin/inklude.php?inklude=9_dasdji/ThemaSeptember/start.htm (am: 25. 05. 2005/20.16 Uhr)

DEGEN, MARTIN: *Straßenkinder – Szenebetrachtungen, Erklärungsversuche und sozialarbeiterische Ansätze.* Bielefeld: Karin Böllert KT-Verlag 1995

DÖLLE, LEONHARD: *Soziale Arbeit mit Straßenkindern.* Diplomarbeit im Fach Erziehungswissenschaften, Studiengang Sozialpädagogik/Sozialarbeit an der Martin-Luther-Universität Halle-Wittenberg 1997
URL: http://www.fh-potsdam.de/~Sozwes/projekte/Steffan/diplomdoelle/doelle.html (am 14. 06. 2003, 21.01 Uhr)

EDLER, CHRISTIANE, UND MIOSGA, MARGIT: *Dann hau ich eben ab – Verlassene Eltern – Verlassene Kinder.* Berlin: Christoph Links Verlag 2001

ELGER, WOLFGANG; HOFFMANN, HANS-JÜRGEN; JORDAN, ERWIN; TRAUERNICHT, GITTA: *Ausbruchsversuche von Jugendlichen.* Weinheim und Basel: Beltz Verlag 1984

ERZBERGER, CHRISTIAN: *Zahlen und Wörter – Die Verbindung quantitativer und qualitativer Daten und Methoden im Forschungsprozess.* Weinheim: Deutscher Studienverlag 1998

F., CHRISTIANE: *Wir Kinder vom Bahnhof Zoo.* München: Bertelsmann. 46. Auflage 2004

FLICK, UWE: *Qualitative Forschung – Theorie, Methoden, Anwendung in Psychologie und Sozialwissenschaften.* Reinbek bei Hamburg: Rowohlt Taschenbuch Verlag GmbH 1995.

GALLSCHÜTZ, CHRISTOPH: *Ergebnisse – Schulverweigerung in Sachsen-Anhalt.* Martin-Luther-Universität Halle-Wittenberg, Fachbereich Erziehungswissenschaften. Unveröffentlichtes Manuskript 2004

GAUERMANN, WOLFGANG: *Das Projekt der Ambulanten Intensiven Begleitung (A.I.B) als neues Angebot der deutschen Jugendhilfe unter Einbezug einer empirischen Untersuchung des institutionellen Netzwerks am Standort Nürnberg.* Diplomarbeit im Studiengang Soziale Arbeit – Georg-Simon-Ohm-Fachhochschule Nürnberg, Fachbereich Sozialwesen 2001
URL: http://www.hausarbeiten.de/faecher/hausarbeit/sop/18147.html (am 14. 06. 2003, 20.11 Uhr)

GRUNDLEGENDES – GRUNDSÄTZLICHES, KINDER- UND JUGENDHILFEGESETZ
URL: http://www.jugendserver-sachsen.de/statisch/kjhg.htm
(am 10. 04. 2005, 13.46 Uhr)

HAHNE, PETER: *Schluss mit lustig – Das Ende der Spaßgesellschaft.* Lahr: Verlag der St.-Johannis-Druckerei. 10. Auflage 2004

HANSBAUER, PETER: „Straßenkinder" – Anmerkungen zu einem „neuen" Phänomen. In: Gintzel, Schone (Hrsg.): *Jahrbuch der sozialen Arbeit.* Münster 1997

HANSBAUER, PETER (HRSG.): *Kinder und Jugendliche auf der Straße – Analysen, Strategien und Lösungsansätze.* Münster: Votum Verlag GmbH 1998

HANSBAUER, PETER; PERMIEN, HANNA; ZINK, GABRIELA: Gestern „Trebegängerinnen" – heute „Straßenkinder"?. In: *Neue Praxis,* 27. Jg. (1997) Heft 5

HAVEMANN, MICHAEL: aus: *Jahresbericht – LKA Berlin.* michael.havemann@polizei.verwalt-berlin.de/E-Mail vom 23. 05. 2005. LKA 12, int.: 912 000

HEINS, RÜDIGER: *Zu Hause auf der Straße – Verlorene Kinder in Deutschland.* Göttingen: Lamuv Verlag GmbH 1996

HELFERICH, CORNELIA: *Die Qualität qualitativer Daten.* VS Verlag für Sozialwissenschaften 2004

HOBMAIR, HERMANN: ohne Angabe. In: Reiner Kraus: *Erziehung und Familie.* URL: http://www.uni-giessen.de/~gk1165/seite/ebene1/familie.htm (am 08. 05. 2005, 17.40 Uhr)

HOOPS, SABRINA: Die „Geschlossene Unterbringung" nach § 1631 b – Ein Beitrag aus dem Forschungsprojekt „Freiheitsentziehende Maßnahmen im Rahmen von Kinder- und Jugendhilfe, Psychiatrie und Justiz". In: *SozialExtra.* Oktober 2004

INSTITUT FÜR SOZIALE ARBEIT E.V. (HRSG.): Lebensort Straße – Kinder und Jugendliche in besonderen Problemlagen. In: *Soziale Praxis.* Heft 17. Votum Verlag GmbH 1996

INTERNATIONALER BUND – FREIER TRÄGER DER JUGEND-, BILDUNGS- UND SOZIALARBEIT E. V.: *Integration statt Ausgrenzung – Eine Praxisschule zur Erfüllung der Vollzeitschulpflicht für Schülerinnen und Schülern mit besonderem Förderbedarf außerhalb des Lernortes Schule. Ergebnisse und Erfahrungen aus dem ersten Projektjahr.* Internationaler Bund, Freier Träger der Jugend-, Bildungs- und Sozialarbeit. Ausbildungszentrum Magdeburg. Ohne Angabe

JOGSCHIES, PETER; PERMIEN, HANNA; ZINK, GABRIELA: *Straßenkinder – Annäherung an ein soziales Phänomen.* München und Leipzig: DJI-Materialien. Projekt Straßenkarrieren von Kindern und Jugendlichen 1995

JORDAN, ERWIN (HRSG.): *Kinder und Jugendliche reißen aus – Erfahrungen und Praxisberichte aus europäischen Ländern.* Frankfurt am Main: Internationale Gesellschaft für Heimerziehung 1986

JORDAN, ERWIN, und TRAUERNICHT, GITTA: *Ausreißer und Trebegänger – Grenzsituationen sozialpädagogischen Handels.* München: Juventa Verlag 1981

KAFKA, FRANZ: *Heimkehr.* URL: http://www.unizh.ch/hlm/projekte/parabel/Heimkehr.doc (am 10. 06. 2005, 10.27 Uhr)

KAUFMANN, HEINZ: *Suchtprophylaxe: Der interaktive Briefkasten.* URL: http://www.senbjs.berlin.de/schule/suchtprophylaxe/briefkasten/antwort_s_43.asp (am 02. 05. 2005, 14.21 Uhr)

KILB, RAINER: "Out of Order? Straßenleben von jungen Erwachsenen, Jugendichen und Kindern am Beispiel Frankfurt am Main." In: *Sozialmagazin*. Heft 12, 1996

KIRCHOFF, SABINE; KUHNT, SONJA; LIPP, PETER; SCHLAWIN, SIEGFRIED: *Fragebogen – Datenbasis. Konstruktion. Auswertung*. Opladen: Leske und Budrich 2003

KOUASSI, ADOME BLAISE: *Straßenkinder und Jugendkriminalität – Ein kriminologischer Vergleich: Côte d'Ivoire und Deutschland*. Berlin: Wissenschaftlicher Verlag Olaf Gaudig & Peter Veit GbR 2004

KULTUSMINISTERIUM VON SACHSEN-ANHALT: *Schulverweigerung – Umfrage an allen allgemein bildenden Schulen*. Unveröffentlichtes Manuskript. 2004

KULTUSMINISTERIUM VON SACHSEN-ANHALT: *Umgang mit Schulverweigerung in Sachsen-Anhalt (RdErl. des MK vom 17. 02. 2005)*. Unveröffentlichtes Manuskript. 2005

LAMNEK, SIEGFRIED: *Neue Theorien abweichenden Verhaltens*. München: Wilhelm Fink Verlag GmbH & Co. KG 1997

LEITNER, BARBARA: *Wenn das Leben uns scheidet – Eltern von Straßenkindern in Deutschland reden*. Berlin: Zeitdruck-Verlag beim KARUNA – Hilfe für suchtgefährdete und suchtkranke Kinder und Jugendliche Int. e. V. 1998

LIEBEL, MANFRED: „Straßenkinder gibt es nicht – Über die verschlungenen Wege einer paternalistischen Metapher." In: *Soziale Arbeit* Nr. 4/2000

LUTZ, RONALD, UND BERND STICKELMANN (HRSG.): *Weglaufen und ohne Obdach – Kinder und Jugendliche in besonderen Lebenslagen*. Weinheim und München: Juventa Verlag 1999

MINISTERIUM DER JUSTIZ: *Tagesdokumentation zur gemeinsamen Fortbildungsveranstaltung des Ministeriums der Justiz und des Ministeriums für Gesundheit und Soziales des Landes Sachsen-Anhalt am 03. November 2004 in Halle – 1631 b BGB*. Unveröffentlichtes Manuskript. 2005

PERMIEN, HANNA: *Geschlossene Unterbringung – immer noch oder schon wieder?* Unveröffentlichtes Manuskript eines Vortrages an der Fachhochschule Coburg, Fachbereich Sozialwesen. Mai 2004
URL: http://www.dji.de/cgi-bin/inklude.php?inklude=9_dasdji/ThemaSeptember/literatur.htm (am 23. 04. 2005, 10.23 Uhr)

PERMIEN, HANNA: „Für Mädchen anders als für Jungen? – Indikationen für freiheitsentziehende Maßnahmen". In: *SozialExtra*. Oktober 2004

PERMIEN, HANNA, UND GABRIELA ZINK: *Endstation Straße? – Straßenkarrieren aus der Sicht von Jugendlichen*. München: Deutsches Jugendinstitut 1998

PFENNIG, GABRIELE: *Lebenswelt Bahnhof – Sozialpädagogische Hilfen für obdachlose Kinder und Jugendliche*. Neuwied: Hermann Luchterhand Verlag GmbH 1996

RETZA, BURGLINDE, UND MONIKA WEBER (HRSG.): *Mädchen auf der Straße – im Blick von Jugendhilfe, Forschung und Mädchenarbeit*. Frankfurt am Main: IGfH – Eigenverlag 2001

ROMAHN, ANGELA: *Straßenkinder in der Bundesrepublik Deutschland*. Frankfurt: Verlag für Interkulturelle Kommunikation 2000

SCHMIDT, PETER: *Autor Peter Schmidt über seinen Film: „Nur nich' nach Hause"*
URL: http://zdf.de/ZDFde/inhalt28 (bzw.31)/0,1872,20009852,00.html
(am 14. 06. 2003, 20.32 Uhr)
SEIDEL, MARKUS HEINRICH: *Straßenkinder in Deutschland – Schicksale, die es nicht geben dürfte*. Ullstein Taschenbuchverlag. Aktualisierte Neuausgabe 2002
SEIPEL, CHRISTIAN, UND PETER RIEKER: *Integrative Sozialforschung – Konzepte und Methoden der qualitativen und quantitativen empirischen Forschung*. Weinheim und München: Juventa Verlag 2003
SPECK, OTTO: *Chaos und Autonomie in der Erziehung*. München und Basel: Verlag Ernst Reinhardt GmbH & Co. 1991
TAMARO, SUSANNA: *Verso Casa – Heimwege*. München: Pattloch Verlag GmbH & Co. KG 2000
TRAUERNICHT, GITTA: *Ausreißerinnen und Trebegängerinnen: Theoretische Erklärungsansätze, Problemdefinition der Jugendhilfe, strukturelle Verursachung der Familienflucht und Selbstaussagen der Mädchen*. Münster: Votum-Verlag 1989
WEINBACH, ROBERT W., UND RICHARD M. GRINNELL, RICHARD M.: *Statistik für soziale Berufe*. Neuwied: Hermann Luchterhand Verlag GmbH 2000
WELLENREUTHER, MARTIN: *Quantitative Forschungsmethoden in der Erziehungswissenschaft. Eine Einführung*. Weinheim und München: Juventa Verlag 2000
WOLLNER, NOBERT: *Ausreißer und Trebegänger am Kölner Hauptbahnhof. Dokumentation der Arbeit des Vereins auf Achse Treberhilfe e. V.* Köln 1992

Angaben zur Person und Familiensituation

Geschlecht		Geschlecht des betroffenen Kindes	
O männlich	O weiblich	O männlich	O weiblich

Alter	Geburtsjahr des betroffenen Kindes
[ ]	[ ]

Familienstand		Ist das Kind schon mehrmals weggeblieben?	
O ledig	O eheähnliche Lebensgemeinschaft	O ja	O nein
O verheiratet	O getrennt lebend		
O geschieden	O verwitwet	**Alter des betroffenen Kindes beim (letzten) Verschwinden / Wegbleiben** [ ]	

Höchster Bildungsabschluss		
O kein Abschluss	O Hauptschulabschluss	
O Realschulabschluss	O erweiterter Realschulabschluss	
O Fachschule	O Abitur	
O Fachhochschule/Universität		

In welcher Schulform befand sich das Kind beim letzten Verschwinden

O Grundschule	O Sonderschule
O Hauptschule	O Realschule
O Gesamtschule	O Gymnasium
O andere	

Beruf (gegenwärtige Erwerbstätigkeit)	
O keine Erwerbstätigkeit	O Beamter/Beamtin
O Arbeiter/Arbeiterin	O Selbständigkeit
O Angestellter/Angestellte	O Arbeitslosigkeit

Ist das Kind noch "unterwegs"?	
O ja	O nein

Anzahl der Kinder aus gegenwärtiger Partnerschaft
[ ]

Falls ja, was wäre Ihrer Meinung nach nötig, dass es zurück kehrt?

Anzahl der Kinder aus früherer Partnerschaft / früheren Partnerschaften
[ ]

Das betroffene Kind stammt aus	
O einer früheren Partnerschaft	O der gegenwärtigen Partnerschaft

Falls nein, was war der Hauptgrund zur Rückkehr?

Ihr wievieltes Kind ist betroffen?
[ ]

Angaben zu Erfahrungen mit verschiedenen Einrichtungen und Institutionen

Ich hatte Kontakt zu folgenden Einrichtungen / Institutionen	1	2	3	4
Polizei	O	O	O	O
Jugendamt	O	O	O	O
Kinder- und Jugendpsychiatrie (KJP)	O	O	O	O
Schule	O	O	O	O
Kirchliche Einrichtung	O	O	O	O
Beratungsstellen	O	O	O	O
Rechtsanwalt/Rechtsanwältin	O	O	O	O
andere	O	O	O	O

einmal (1), mehrmals (2), regelmäßig (3), gar nicht (4).

Mit folgender Einrichtung hatte ich auch noch Kontakt (im weiteren bezieht sich "andere" auf diese Einrichtung)

Benoten Sie die folgenden Einrichtungen hinsichtlich der jeweiligen Merkmale

Kompetenz	1	2	3	4	5	6
Polizei	O	O	O	O	O	O
Jugendamt	O	O	O	O	O	O
KJP	O	O	O	O	O	O
Schule	O	O	O	O	O	O
Kirchliche Einrichtung	O	O	O	O	O	O
Beratungsstellen	O	O	O	O	O	O
Rechtsanwalt/Rechtsanwältin	O	O	O	O	O	O
andere	O	O	O	O	O	O

sehr gut (1), gut (2), befriedigend (3), ausreichend (4), mangelhaft (5), ungenügend (6).

Verständnis für mich und mein Problem	1	2	3	4	5	6
Polizei	O	O	O	O	O	O
Jugendamt	O	O	O	O	O	O
KJP	O	O	O	O	O	O
Schule	O	O	O	O	O	O
Kirchliche Einrichtung	O	O	O	O	O	O
Beratungsstellen	O	O	O	O	O	O
Rechtsanwalt/Rechtsanwältin	O	O	O	O	O	O
andere	O	O	O	O	O	O

sehr gut (1), gut (2), befriedigend (3), ausreichend (4), mangelhaft (5), ungenügend (6).

Wertschätzung, die mir entgegengebracht wurde	1	2	3	4	5	6
Polizei	O	O	O	O	O	O
Jugendamt	O	O	O	O	O	O
KJP	O	O	O	O	O	O
Schule	O	O	O	O	O	O
Kirchliche Einrichtung	O	O	O	O	O	O
Beratungsstellen	O	O	O	O	O	O
Rechtsanwalt/Rechtsanwältin	O	O	O	O	O	O
andere	O	O	O	O	O	O

sehr gut (1), gut (2), befriedigend (3), ausreichend (4), mangelhaft (5), ungenügend (6).

Zusammenarbeit mit mir	1	2	3	4	5	6
Polizei	O	O	O	O	O	O
Jugendamt	O	O	O	O	O	O
KJP	O	O	O	O	O	O
Schule	O	O	O	O	O	O
Kirchliche Einrichtung	O	O	O	O	O	O
Beratungsstellen	O	O	O	O	O	O
Rechtsanwalt/Rechtsanwältin	O	O	O	O	O	O
andere	O	O	O	O	O	O

sehr gut (1), gut (2), befriedigend (3), ausreichend (4), mangelhaft (5), ungenügend (6).

Reaktionen und Folgen des Problems

Ich nehme (nahm) folgende körperlichen Veränderungen bei mir wahr:	Ich nehme (nahm) folgende seelischen Veränderung(en) bei mir wahr:

Die Häufigkeit meiner Arztbesuche	Mein Verhältnis zu meinen anderen Kindern (wenn vorhanden) hat (hatte) sich wie folgt verändert:
○ nahm zu ○ blieb gleich ○ nahm ab	

Die Anzahl meiner Krankheitstage	
○ nahm zu ○ blieb gleich ○ nahm ab	

Ich nehme (nahm) bei mir selbst gegenüber dem betroffenen Kind bzw. innerhalb der Situation folgende Gefühle wahr

☐ Scham ☐ Schuld
☐ Angst ☐ Hass
☐ Wut ☐ Liebe
☐ Sehnsucht ☐ Unverstandenheit
☐ Todessehnsucht ☐ Abhängigkeit
☐ Einsamkeit ☐ Verzweiflung
☐ Trauer ☐ Ohnmacht
☐ Entlastung ☐ andere

Sie können mehrere Kästchen ankreuzen.

Weitere Gefühle, die ich wahrnehme / erlebt habe:

Mein Gewicht
○ nahm zu ○ blieb gleich
○ nahm ab ○ weiß nicht

Im Verlauf der Problematik veränderte sich mein Konsum von:

	1	2	3	4
Medikamenten	○	○	○	○
Drogen	○	○	○	○
Alkohol	○	○	○	○
Nikotin	○	○	○	○
Süßigkeiten	○	○	○	○
Nahrungsmitteln	○	○	○	○

nahm zu (1), blieb gleich (2), nahm ab (3), unzutreffend (4).

Mein Verhalten im Freizeitbereich hat/hatte sich wie folgt verändert:

Im Verlauf der Problematik habe ich schon einmal an Selbsttötung gedacht
○ nie ○ selten
○ gelegentlich ○ oft

Menschen in meinem Umfeld reagieren (reagierten) folgendermaßen auf meine Situation:

Ich werde (wurde) in meiner Situation unterstützt durch
☐ meine Familie ☐ Freunde/Freundinnen
☐ eine Selbsthilfegruppe ☐ Behörden
☐ überregionale Kontakte ☐ Kirchgemeinde
☐ andere

Sie können mehrere Kästchen ankreuzen.

Weitere Unterstützung erhielt ich auch durch:

Die Beziehung zu meinem Partner / meiner Partnerin hat(hatte) folgendermaßen verändert:

Was hat Ihnen (bisher) geholfen, die schwierige Lebenssituation zu bewältigen?	Wie geht es Ihnen am Ende dieses umfangreichen Fragebogens? Möchten Sie noch weitere Hinweise geben?

Ich habe mich bemüht, die Fragen offen und ehrlich zu beantworten
○ ja   ○ nein

Friedensauer Schriftenreihe

Herausgegeben von Johann Gerhardt, Wolfgang Kabus,
Horst Rolly, Udo Worschech

Reihe B: Gesellschaftswissenschaften

Band 1   Ralph Tuchtenhagen: Religion als minderer Status. Die Reform der Gesetzgebung gegenüber religiösen Minderheiten in der verfaßten Gesellschaft des Russischen Reiches 1905 - 1917. 1995.

Band 2   Winfried Noack: Die NS-Ideologie. 1996.

Band 3   Horst Friedrich Rolly: Participatory Planning of Sustainable Development Projects. A Practical Guide for the Field Worker. 2001.

Band 4   Manfred Böttcher: Dialog und Zeugnis. Interkonfessionelle Kontakte und Konflikte einer Freikirche in der DDR. 2001.

Band 5   Horst Friedrich Rolly: Bildungsrecht und Bildungspraxis religiöser und linguistischer Minderheiten in Indien. 2002.

Band 6   Horst Friedrich Rolly: Die Modernisierung von Madrasas (Koranschulen) in Indien. 2002.

Band 7   Bernhard Oestreich (Hrsg.): Der Fremde. Interdisziplinäre Beiträge zu Aspekten von Fremdheit. 2003.

Band 8   Horst Friedrich Rolly: Mizoram. Land, Leute und nachhaltige Entwicklung. 2004.

Band 9   Manfred Böttcher: Gratwanderungen einer Freikirche im totalitären Regime. Die Gemeinschaft der Siebenten-Tags-Adventisten in der DDR von 1945 bis 1990. 2006.

Band 10 Uta Bäse: Verlassene Eltern – Wenn das eigene Kind zum Trebegänger geworden ist. 2006.

www.peterlang.de

Peter Lang · Europäischer Verlag der Wissenschaften

Martin K. W. Schweer (Hrsg.)

Das Kindesalter

Ausgewählte pädagogisch-psychologische Aspekte

Frankfurt am Main, Berlin, Bern, Bruxelles, New York, Oxford, Wien, 2006.
149 S., zahlr. Abb. und Tab.
Psychologie und Gesellschaft. Herausgegeben von Martin K. W. Schweer. Bd. 3
ISBN 3-631-54878-8 · br. € 24.80*

Das Kindesalter ist gerade in den vergangenen Jahren verstärkt in den Fokus der Betrachtung verschiedener gesellschaftswissenschaftlicher Disziplinen geraten; es kann mit Recht von einer wirklichen Renaissance dieses Forschungsthemas aus transdisziplinärer Perspektive gesprochen werden. Vor diesem Hintergrund fand am Lehrstuhl für Pädagogische Psychologie an der Hochschule Vechta eine Ringvorlesung statt, deren Ergebnisse nunmehr einer größeren Öffentlichkeit zugänglich gemacht werden. In diesem Band werden aktuelle Fragen aus dem Bereich des Kindesalters mit dem Schwerpunkt der Grundschule thematisiert: Neben Fragen geschlechtsspezifischer Sozialisation, Kreativitätsförderung und interkulturellem Lernen in der Grundschule wird die Entwicklungsperspektive dieser Schulform behandelt. Dazu zählen Aspekte außerschulischer Faktoren, worunter Familie, Medien sowie psychische Störungsbilder bei Kindern und Jugendlichen zu subsumieren sind.

Aus dem Inhalt: Marianne Hostkemper: Geschlechtsspezifische Sozialisation in der Grundschule · Siegfried Preiser: Kreativitätsförderung · Annegret Eickhorst: Interkulturelles Lernen in der Grundschule · Karl-Oswald Bauer: Quo vadis, Grundschule? Entwicklungsperspektiven · Alois Herlth: Wann ist Familie erziehlich? · Cecilia A. Essau/Judith Conradt: Psychische Störungsbilder bei Kindern und Jugendlichen · Martin K. W. Schweer/Frank Lukaszewski: Alte und Neue Medien im Kindesalter

Frankfurt am Main · Berlin · Bern · Bruxelles · New York · Oxford · Wien
Auslieferung: Verlag Peter Lang AG
Moosstr. 1, CH-2542 Pieterlen
Telefax 00 41 (0) 32 / 376 17 27

*inklusive der in Deutschland gültigen Mehrwertsteuer
Preisänderungen vorbehalten
Homepage http://www.peterlang.de